Xabi ALONSO

Eine Biografie

eines Fußballtrainers

RED BOUTA

Buchplan

Einführung

In den gleichnamigen Archiven des modernen Fußballs zeichnet sich ein Name durch Eleganz, Präzision und beispielloses Spielgefühl aus: **Xabi Alonso** . Dieses umfassende biografische Werk zeichnet die bemerkenswerte Reise eines Mittelfeldmeisters nach, dessen Spuren im Sport ein unauslöschliches Erbe hinterlassen haben.

Von seinen vielversprechenden Anfängen bei Real Sociedad bis zu seinem Höhepunkt bei Liverpool und Real Madrid verblüffte Alonso das Publikum mit seiner durchdringenden Sicht, seinem präzisen Passspiel und seinen verheerenden Schussfähigkeiten. Mit seiner beispiellosen Beherrschung von Zeit und Raum definierte er die Rolle des Mittelfeldspielers neu und beeinflusste den Verlauf vieler bahnbrechender Spiele.

Außerhalb des Feldes ist Alonso ebenso außergewöhnlich. Sein erfolgreicher Übergang zum Trainer ist ein Beweis für seine taktische Intelligenz und sein ansteckendes Charisma. Seine Ernennung zum Cheftrainer von Bayer Verkusen markierte den Beginn eines aufregenden neuen Kapitels seiner Karriere.

Tauchen Sie ein in diese fesselnde Biografie, in der wir das Leben und die Zeiten von Xabi Alonso enthüllen und seine Triumphe, seine Rückschläge und das bleibende Erbe erkunden, das er in der Welt des Fußballs hinterlassen hat. Dies ist die Geschichte eines Gaming-Künstlers, eines Maestro, dessen Heldentaten auch zukünftige Generationen inspirieren werden.

Xabis Spielstil

Als Mittelfeldspieler war Xabi Alonso für seine Konstanz und hohe Leistung bekannt. Er gilt als einer der besten Mittelfeldspieler seiner Generation und hat sowohl in kreativen als auch in defensiven Rollen hervorragende Leistungen erbracht.

Alonso verfügte über eine gute Technik, eine hervorragende Spielübersicht und eine abwechslungsreiche Passreichweite. Besonders effektiv war er als tiefgreifender Spielmacher, bei dem er seine langen und präzisen Passfähigkeiten einsetzte, um Torchancen für seine Teamkollegen zu schaffen.

Neben seinen Passfähigkeiten war Alonso auch für seine kraftvollen und präzisen Distanzschüsse bekannt. Er war ein effektiver Schütze bei Standardsituationen und Strafstößen, was ihn zu einer zusätzlichen Offensivgefahr für seine Teams machte.

Alonsos Vielseitigkeit, gepaart mit seiner Arbeitsmoral und Führungsqualitäten, machten ihn zu einem sehr wertvollen Spieler für seine Vereine und seine Nationalmannschaft. Er spielte im Laufe seiner Karriere eine Schlüsselrolle für den Erfolg seiner Mannschaften und gilt als einer der erfolgreichsten Mittelfeldspieler seiner Zeit. Trotz seiner bescheidenen Größe war Xabi Alonso auch in der Luft effektiv und steuerte häufig Kopfballtore nach Standardsituationen bei.

Dies lag an seiner sorgfältigen Positionierung und seinen körperlichen Eigenschaften, einschließlich seiner Entspannung und seinem Timing. Als Alonso auf mehr Angriffspositionen spielte, gelang es ihm, sich von seinen Gegnern zu lösen und den Ball mit seiner Kraft und Präzision ins gegnerische Tor zu köpfen.

Alonsos Kopfballtore waren ein wichtiger Teil seines Spiels und trugen zum Erfolg seiner Mannschaften bei. Seine Fähigkeit, in entscheidenden Momenten wichtige Tore zu erzielen, war ein Beweis für seine technischen Qualitäten und seine taktische Intelligenz.

Zusätzlich zu seinen kreativen Eigenschaften konnte Xabi Alonso auch als defensiver Mittelfeldspieler hervorragende Leistungen erbringen. Seine Kraft und sein kraftvoller Körperbau, kombiniert mit seiner Hartnäckigkeit, seiner taktischen Intelligenz, seinem aggressiven Tackling und seiner Fähigkeit, das Spiel zu lesen, ermöglichten es ihm, die Verteidigung seines Teams effektiv zu schützen.

Alonso war besonders geschickt darin, Pässe abzufangen und Gegner anzugreifen. Er war auch in der Lage, große Gebiete abzudecken und seinen Teamkollegen defensiven Schutz zu bieten.

Allerdings wurde Alonso hin und wieder dafür kritisiert, dass er mitunter vorschnelle Tacklings durchführte und dazu neigte, bei besonders schwerwiegenden Fouls die Fassung zu verlieren und sich unnötige Karten zu holen. Dies ist ein Aspekt seines Spiels, an dessen Verbesserung er im Laufe seiner Karriere gearbeitet hat.

Trotz dieser gelegentlichen Kritik hat Alonsos Fähigkeit, sowohl als kreativer als auch als defensiver Mittelfeldspieler zu spielen, ihn zu einem sehr wertvollen Spieler für seine Vereine und seine Nationalmannschaft gemacht. Er war in der Lage, sich an die Anforderungen verschiedener Systeme und Rollen anzupassen und leistete stets einen positiven Beitrag für seine Teams.

Wilsons Beschreibung von Alonsos Spielstil betont seine Fähigkeit, den Ball zu kontrollieren und Chancen für seine Teamkollegen zu schaffen. Alonso war nicht nur ein defensiver Tackler, sondern konnte mit seinen langen Pässen auch präzise Pässe spielen und den Angriffswinkel verändern.

Diese Kombination aus kreativen und defensiven Fähigkeiten machte Alonso zu einem sehr effektiven und vielseitigen Mittelfeldspieler. Er konnte in verschiedenen Rollen und Systemen spielen und leistete stets einen positiven Beitrag für seine Teams.

Die Rolle von Xabi Alonso auf dem Platz wurde auch mit der eines „Metodista" verglichen [1]. Metodistas sind Mittelfeldspieler, die für ihre Fähigkeit bekannt sind, das Spiel im Mittelfeld zu bestimmen und ihrer Mannschaft in der Defensive zu helfen.

---

[1] („mittlere Hälfte" im italienischen Fußballjargon).

Dieser Vergleich unterstreicht Alonsos Vielseitigkeit und Fähigkeit, verschiedene Rollen auf dem Spielfeld zu spielen. Er war nicht nur ein kreativer Mittelfeldspieler, sondern konnte auch zur Verteidigung seiner Mannschaft beitragen.

Alonso konnte durch sein Passspiel und seine Positionierung das Tempo und den Rhythmus des Spiels kontrollieren. Er war außerdem ein aggressiver Tackler und ein guter Leser des Spiels, was es ihm ermöglichte, Bälle zurückzugewinnen und seinem Team bei der Verteidigung zu helfen.

Alonsos Fähigkeit, sowohl als kreativer als auch als defensiver Mittelfeldspieler zu spielen, machte ihn zu einer wertvollen Bereicherung für seine Vereine und die Nationalmannschaft. Er war in der Lage, sich an die Anforderungen verschiedener Systeme und Rollen anzupassen und leistete stets einen positiven Beitrag für seine Teams.

Seit seinem Rücktritt haben andere namhafte Fußballgrößen die Fähigkeiten von Xabi Alonso gelobt. Steven Gerrard, Alonsos ehemaliger Teamkollege bei Liverpool, sagte, er halte Alonso für den besten Mittelfeldspieler, mit dem er je gespielt habe. Gerrard hob Alonsos Vision des Spiels, seine Passgenauigkeit und seine Führungsqualitäten als Schlüsselfaktoren für seine Größe hervor.

Auch Pep Guardiola, Alonsos ehemaliger Trainer beim FC Bayern München, lobte den Spanier. Guardiola, der selbst als einer der größten Manager aller Zeiten gilt, sagte, Alonso sei einer der besten Mittelfeldspieler, die er je in seinem Leben gesehen habe. Er war besonders beeindruckt von Alonsos Spielintelligenz, seiner Ballkontrolle und seiner Fähigkeit, das Tempo und den Rhythmus des Spiels zu bestimmen. Dieses Lob anderer Fußballlegenden unterstreicht Alonsos Status als einer der größten Mittelfeldspieler seiner Generation. Er war ein Spieler, der für seine Vision, sein Passspiel, seine Führungsqualitäten und seine Intelligenz auf dem Spielfeld bekannt war.

Trainerkarriere

Diese Rolle markierte den Beginn von Alonsos Trainerkarriere. Er nutzte diese Gelegenheit, um sein Wissen und seine Erfahrung an die jungen Spieler von Real Madrid weiterzugeben. Auch als Trainer konnte er seine Fähigkeiten weiterentwickeln und wertvolle Erfahrungen in der Führung eines Teams sammeln.

Alonsos Rückkehr als Trainer zu Real Madrid wurde vom Verein und den Fans gut aufgenommen. Es ist ein Beweis für sein Engagement für den Verein und seinen Wunsch, der Fußballgemeinschaft etwas zurückzugeben.

Am 1. Juni 2019 wurde Alonso zum Trainer des Segunda División B-Klubs Real Sociedad B ernannt. Er begann seine Rolle am 9. Juli. Real Sociedad B ist die Reservemannschaft von Real Sociedad, einem Verein der spanischen Liga. Sie sind eines der erfolgreichsten Teams in der Segunda División B und haben dreimal den Titel gewonnen.

Alonsos Aufgabe als Manager von Real Sociedad B besteht darin, die Entwicklung der jungen Spieler des Vereins zu überwachen und ihnen beim Aufstieg in die erste Mannschaft zu helfen. Er wird auch für die Leistung des Teams in der Segunda División B verantwortlich sein.

Alonsos Ernennung zu Real Sociedad B wurde vom Verein und den Fans gut aufgenommen. Es ist ein Beweis für seinen Ruf als talentierter Manager und sein Engagement für die Entwicklung junger Spieler.

In Alonsos zweiter Saison als Trainer von Sanse gelang dem Verein nach einem Play-off-Sieg gegen Algeciras am 22. Mai 2021 der Aufstieg in die Segunda División. Dieser Sieg markierte die Rückkehr von Real Sociedad B zum ersten Mal seit 1961–1962 in die Segunda División .

Alonsos Erfolg als Sanses Manager hat ihm Lob und Spekulationen über seine Zukunft eingebracht. Im März desselben Jahres wurde er stark mit dem damals vakanten Trainerposten bei Borussia Mönchengladbach in Verbindung gebracht. Alonso unterzeichnete jedoch eine Verlängerung um ein Jahr bei Real Sociedad und zeigte damit sein Engagement für den Verein und seinen Glauben an das Projekt des Vereins.

Sanses Aufstieg in die Segunda División ist ein wichtiger Schritt in der Entwicklung der jungen Spieler des Vereins. Dies gibt ihnen die Möglichkeit, auf einem höheren Niveau zu spielen und Erfahrung gegen stärkere Gegner zu sammeln. Dies sollte dazu beitragen, die Qualität der ersten Mannschaft von Real Sociedad in Zukunft zu verbessern.

In seinem ersten Spiel in der zweiten Liga am 14. August 2021 gewann Alonso dank eines Tores von Jon Karrikaburu zu Hause mit 1:0 gegen Leganés. Sanses Saison in der zweiten Liga erwies sich jedoch als schwierig, da die Mannschaft während der gesamten Saison gegen den Abstieg kämpfte. Trotz Alonsos Bemühungen konnte Sanse den Abstieg nicht verhindern und stieg am Ende der Saison in die Segunda División B ab.

Am 25. Mai 2022 gab Real Sociedad bekannt, dass Alonso Sanse am Ende der Saison verlassen wird. Es war eine gemeinsame Entscheidung zwischen Alonso und dem Verein, und beide Parteien waren sich einig, dass es Zeit für eine Veränderung war.

Trotz Sanses Abstieg wurde Alonsos Amtszeit als Manager des Vereins als Erfolg gewertet. Er verhalf dem Verein zum Aufstieg in die Segunda División und entwickelte mehrere junge Spieler, von denen erwartet wird, dass sie in Zukunft in der ersten Mannschaft von Real Sociedad zum Einsatz kommen.

Am 5. Oktober 2022 wurde Alonso bis Juni 2024 zum neuen Cheftrainer von Bayer Leverkusen ernannt. Er löste Gerardo Seoane ab, wobei die Mannschaft nach acht Bundesligaspielen den schlechtesten Saisonstart seit 1979 hinlegte.

Drei Tage später gab Alonso sein Debüt als Trainer von Bayer Leverkusen mit einem 4:0-Heimsieg gegen Schalke 04. Dieser Sieg gab den Ton für Alonsos Zeit als Trainer von Bayer Leverkusen vor, die Mannschaft zeigte gute Leistungen und erzielte positive Ergebnisse.

Unter Alonsos Führung stieg Bayer Leverkusen in der Bundesliga auf und qualifizierte sich auch für die K.-o.-Runde der Europa League. Die Mannschaft spielte attraktiven und effektiven Fußball und Alonso wurde für seinen positiven Einfluss auf den Verein gelobt.

Alonsos Ernennung zum Trainer von Bayer Leverkusen wurde von Fans und Experten gut aufgenommen. Es ist ein Beweis für seinen Ruf als talentierter Manager und sein Engagement für attraktiven Fußball.

In Alonsos erster Champions-League-Saison übernahm er drei vor Schluss die Gruppenphase. Nach einer 0:3-Niederlage gegen Porto in der BayArena am 12. Oktober, einem 2:2-Unentschieden gegen Atlético Madrid im Metropolitano-Stadion am 26. Oktober und einem 0:0-Unentschieden gegen Club Brügge zu Hause am 1. November belegte Bayer Leverkusen den dritten Platz die Gruppenphase.

Damit gelangten sie ins Achtelfinale der Play-offs der Europa League. Bayer Leverkusen traf im Play-off auf Monaco, verlor insgesamt mit 5:3 und schied aus dem Wettbewerb aus. Obwohl sich Bayer Leverkusen nicht für die K.-o.-Runde der Champions League qualifizieren konnte, war die Leistung der Mannschaft unter Alonsos Führung ermutigend. Die Mannschaft spielte attraktiven und effektiven Fußball und Alonso wurde für seinen positiven Einfluss auf den Verein gelobt.

Alonso hofft, Bayer Leverkusen in dieser Saison zu einem erfolgreichen Lauf in der Europa League zu führen. Das Team verfügt über einen talentierten Kader und hat gezeigt, dass es mit den besten Teams Europas mithalten kann. Nach einigen schwierigen ersten Monaten für Alonso kehrte Bayer Leverkusen endlich in Form und Alonso führte sie zum ersten europäischen Halbfinale seit 21 Jahren.

In der Europa League erreichte Bayer Leverkusen gegen Ferencváros, Monaco und Atalanta das Halbfinale. Im Halbfinale trafen sie auf Roma, trainiert von Alonsos ehemaligem Real-Madrid-Trainer José Mourinho. Bayer Leverkusen verlor das Hinspiel zu Hause mit 0:1, das einzige Tor des Spiels erzielte der ehemalige Liverpooler Mittelfeldspieler Georginio Wijnaldum. Im Rückspiel dominierte Bayer Leverkusen die Roma, konnte aber kein Tor erzielen und verlor insgesamt mit 0:2.

Trotz der Enttäuschung über das Ausscheiden im Halbfinale wurde die Europameisterschaft von Bayer Leverkusen unter Alonso allgemein als Erfolg gewertet. Die Mannschaft spielte attraktiven und effektiven Fußball und Alonso wurde für seinen positiven Einfluss auf den Verein gelobt. Alonso hofft nun, Bayer Leverkusen in dieser Saison zu einer erfolgreichen Saison in der Bundesliga zu führen. Das Team liegt derzeit auf dem dritten Tabellenplatz und hat gute Chancen, sich für die Champions League der nächsten Saison zu qualifizieren .

Am Ende der Saison belegte Bayer Leverkusen den 6. Platz in der Bundesliga und qualifizierte sich für die Europa League in der nächsten Saison. Im Mai 2023 bestätigte Alonso aufgrund des Interesses von Tottenham Hotspur, dass er für eine zweite Saison als Trainer von Bayer Leverkusen bleiben würde. Diese Entscheidung zeigt sein Engagement für Bayer Leverkusen und seinen Glauben an das Projekt des Vereins.

Alonso hat in seiner ersten Saison als Trainer bei Bayer Leverkusen große Fortschritte gemacht. Die Mannschaft spielte attraktiven und effektiven Fußball und Alonso wurde für seinen positiven Einfluss auf den Verein gelobt.

In der Saison 2023/24 hofft Alonso, Bayer Leverkusen zu einem höheren Bundesliga-Abschluss und einem erfolgreichen Lauf in der Europa League zu führen. Das Team verfügt über einen talentierten Kader und hat gezeigt, dass es mit den besten Teams Europas mithalten kann.

Am 4. August 2023 unterzeichnete Alonso einen neuen Vertrag mit Bayer Leverkusen bis 2026. Dies zeigt das Vertrauen des Vereins in seine Fähigkeiten und sein Engagement für das Vereinsprojekt.

Während des Sommer-Mercators identifizierte Alonso Bereiche des Teams, die verbessert werden mussten. Er verstärkte die Mannschaft effektiv und strategisch, indem er unter anderem den Schweizer Kapitän Granit Xhaka, Jonas Hofmann, Alejandro Grimaldo und Victor Boniface verpflichtete.

Alonso stellte sein Team in einer 3-4-3-Formation auf, wobei der Schwerpunkt auf Passspiel und Kontern lag. Dieser Ansatz hat sich ausgezahlt: Bayer Leverkusen kassierte in seinen ersten elf Bundesligaspielen nur fünf Gegentore aus dem Spiel heraus. Bayer Leverkusen hatte unter Alonsos Führung einen außergewöhnlichen Saisonstart. Das Team führt die Bundesliga-Tabelle an und ist wettbewerbsübergreifend ungeschlagen. Alonso wurde für seine Arbeit im Verein gelobt und hofft nun, Bayer Leverkusen in dieser Saison zu einem historischen Bundesligatitel zu führen.

Bayer Leverkusen hat unter Alonsos Führung eine außergewöhnliche Saison gespielt. Das Team hat alle sechs Spiele der Gruppenphase der UEFA Europa League 2023–24 gewonnen und dabei 19 Tore erzielt. In der Bundesliga hat Bayer Leverkusen einen neuen Rekord für ungeschlagene Spiele einer deutschen Mannschaft in allen Wettbewerben aufgestellt. Die Mannschaft blieb in den ersten 33 Ligaspielen der Saison ungeschlagen. Diese Erfolge zeigen die Qualität von Alonsos Arbeit bei Bayer Leverkusen. Er hat eine Mannschaft geschaffen, die attraktiven, effektiven Fußball spielt und mit den besten Mannschaften Europas konkurriert.

Alonso hofft nun, Bayer Leverkusen in dieser Saison in beiden Wettbewerben zum Erfolg führen zu können. Das Team ist gut aufgestellt, um den Bundesligatitel zu gewinnen, und hat gute Chancen, die UEFA Europa League zu gewinnen.

Bayer Leverkusen schloss die Hinrunde der Saison 2023/24 mit 45 Punkten ab, so viele wie seit Bayern München in der Saison 2013/14 nicht mehr mit 47 Punkten punktete. Dies ist eine beeindruckende Leistung, insbesondere wenn man bedenkt, dass Bayer Leverkusen nicht zu den Favoriten auf den Bund-Esliga-Titel zählt .

Diese Leistung zeugt von der Qualität von Alonsos Arbeit bei Bayer Leverkusen. Er hat eine Mannschaft geschaffen, die attraktiven, effektiven Fußball spielt und mit den besten Mannschaften Europas konkurriert. Alonso hofft nun, Bayer Leverkusen in dieser Saison in beiden Wettbewerben zum Erfolg führen zu können. Das Team ist gut aufgestellt, um den Bundesligatitel zu gewinnen, und hat gute Chancen, die UEFA Europa League zu gewinnen.

Alonso wurde in den letzten Monaten stark mit Führungspositionen bei Bayern München, Liverpool und Real Madrid in Verbindung gebracht. Am 29. März 2024 bekräftigte er jedoch sein Engagement bei Bayer Leverkusen, indem er seine Entscheidung bekannt gab, bis zum Ende der Saison 2024/25 zu bleiben.

Diese Entscheidung zeigt Alonsos Engagement für Bayer Leverkusen und seinen Glauben an das Projekt des Vereins. Während seiner Zeit als Trainer hat er im Verein erhebliche Fortschritte gemacht und hofft nun, Bayer Leverkusen in dieser Saison in beiden Wettbewerben zum Erfolg zu führen.

Bayer Leverkusen steht derzeit an der Tabellenspitze der Bundesliga und hat gute Chancen auf den Titel. Das Team hat auch gute Chancen, die UEFA Europa League zu gewinnen, da es alle sechs Spiele in der Gruppenphase gewonnen hat.

Alonso hofft nun, Bayer Leverkusen in dieser Saison in beiden Wettbewerben zum Titel führen zu können. Er hat eine Mannschaft geschaffen, die attraktiven, effektiven

Fußball spielt und mit den besten Mannschaften Europas konkurriert. Am Tag nachdem Alonso seine Absicht bekräftigte, bei Bayer Leverkusen zu bleiben, besiegte das Team Hoffenheim mit 2:1 und liegt damit 13 Punkte vor dem 33-fachen Meister und 11-fachen Bundesligasieger in Folge Bayern München. Am 14. April führte Alonso Leverkusen zu einem 5:0-Sieg über Werder Bremen und gewann damit den ersten Bundesligatitel überhaupt, der zugleich die erste deutsche Meisterschaft für den Verein war.

Das ist eine bemerkenswerte Leistung für Alonso und Bayer Leverkusen. Die Mannschaft hat die ganze Saison über attraktiven und effektiven Fußball gespielt und sich den Titel völlig verdient. Alonso war der erste spanische Trainer, der die Bundesliga gewann. Er war außerdem der erste ehemalige Spieler von Real Madrid, der seit Bernd Schuster im Jahr 1993 den Titel als Trainer gewann. Es ist eine aufregende Zeit für Bayer Leverkusen und Alonso. Die Mannschaft hat das Potenzial, in den kommenden Jahren zu einer wichtigen Kraft im deutschen und europäischen Fußball zu werden.

Familie und Privatleben

Alonso galt bei seinen Liverpooler Teamkollegen als ruhiger und freundlicher Mensch. Er ist mit Nagore Aranburu verheiratet und das Paar hat drei Kinder: einen Sohn (geboren 2008) und zwei Töchter (geboren 2010 und 2013). Anstatt mit dem Team zu reisen, blieb Alonso im März 2008 auf Merseyside, um seiner Frau bei der Geburt zur Seite zu stehen. Dies zeugt von seinem Engagement für seine Familie und seiner Überzeugung, dass die Familie an erster Stelle steht.

Alonso ist ein hingebungsvoller Familienvater und stolz auf seine Kinder. Er lässt sich oft mit ihnen fotografieren und spricht oft in Interviews über sie. Alonsos Familie ist für ihn eine Quelle der Kraft und des Rückhalts. Sie sind immer für ihn da, egal was passiert. Alonso und Arsenal-Trainer Mikel Arteta verbindet im Laufe ihres Lebens eine einzigartige Bindung. Sie wuchsen in San Sebastian auf und waren Nachbarn in derselben Straße. Später lebten sie in Liverpool wieder nahe beieinander, als Arteta Spieler für Everton wurde.

Alonso war maßgeblich daran beteiligt, Arteta nach Everton zu holen. Er erzählte seinem Freund von seinem Glück in Liverpool und überzeugte Arteta, den gleichen Schritt zu tun. Diese Nähe ging über ihr Privatleben hinaus, da Alonso auch dazu beitrug, seinen ehemaligen Real-Sociedad-Teamkollegen Juan Ugarte davon zu überzeugen, nach Wales zu wechseln, indem er 2004 zu Wrexham wechselte.

Alonsos Taten sind nicht nur ein Beweis für seinen Einfluss auf seine ehemaligen Teamkollegen, sondern auch für die tiefe Bindung, die er zu ihnen hat. Seine Rolle als Mentor und Führer spiegelt seine fürsorgliche Art und seinen Wunsch wider, anderen zum Erfolg zu verhelfen. Die Familie Alonso ist über den berühmten Spieler Xabi Alonso hinaus tief in die Welt des Fußballs verstrickt.

- **Mikel Alonso** , Xabis Bruder, war ebenfalls Profifußballer. Er spielte für Real Unión, einen spanischen Verein, und war sogar eine Saison lang an die Bolton Wanderers in England ausgeliehen. Trotz der Option auf einen unbefristeten Vertrag entschied sich Bolton, seine Leihe nicht zu verlängern, und Mikel kehrte nach Spanien zurück, um bei Real Sociedad, dem ehemaligen Verein seines Bruders, zu trainieren.

- **Jon Alonso,** Xabis anderer Bruder, engagiert sich auf andere Weise im Fußball. Er arbeitet als Schiedsrichter, was das Ausmaß des fußballerischen Talents der Familie Alonso zeigt.

Diese zusätzlichen Informationen unterstreichen die tiefe Liebe der Familie Alonso zum Fußball. Ob sie auf dem Spielfeld spielen oder Spiele leiten, die Alonso-Brüder haben ihr Leben dem Sport gewidmet, für den sie eine Leidenschaft haben. Xabi Alonsos Interesse am gälischen Fußball, einem traditionellen irischen Sport, ist eine faszinierende Seite seiner Persönlichkeit. Seine Leidenschaft für den Sport geht auf das Alter von 15 Jahren zurück, als er bei einer Familie in Kells, County Meath, wohnte, um sein Englisch zu verbessern.

Während seines Aufenthalts in Irland entdeckte Alonso den gälischen Fußball und begann, ihn in seiner Freizeit zu spielen. Er war sofort von der Schnelligkeit, dem Können und dem Teamgeist dieses Sports fasziniert. Seitdem ist Alonso ein begeisterter Anhänger von Meath geblieben, der Grafschaft, in der er seine ersten Schritte im gälischen Fußball machte.

Alonsos Interesse am gälischen Fußball ist ein Beweis für seine intellektuelle Neugier, seine Offenheit und seine Wertschätzung für verschiedene Kulturen. Trotz seines immensen Erfolgs im Profifußball blieb ihm die Leidenschaft für einen traditionellen irischen Sport erhalten, die ihn an seine Teenagerjahre und seine Verbundenheit mit Irland erinnerte.

Xabi Alonsos unerschütterliche Loyalität gegenüber Liverpool, auch nach seinem Ausscheiden aus dem Verein, ist ein Beweis für den tiefgreifenden Einfluss, den die Reds auf sein Leben und seine Karriere hatten . Trotz seines durchschlagenden Erfolgs bei Real Madrid hat sich Alonso immer als Liverpool-Fan identifiziert. Wenn sein Zeitplan es zulässt, kehrt er regelmäßig nach Anfield zurück, um an Spielen teilzunehmen.

Alonsos Verbundenheit mit Liverpool geht über bloße Worte hinaus. Er brachte seine Absicht zum Ausdruck, seinen in Liverpool geborenen Sohn als Reds-Fan zu erziehen. Dies zeigt, dass er seine Leidenschaft für den Verein an zukünftige Generationen seiner Familie weitergeben möchte.

Alonsos Treue zu Liverpool spiegelt nicht nur seine Liebe zum Verein wider, sondern auch seine Dankbarkeit für die Rolle, die er in seiner Entwicklung als Spieler und als Mann gespielt hat. Er wurde an der Anfield Road zur Legende und sein Status als treuer Fan festigt sein Vermächtnis unter den Reds-Gläubigen nur noch weiter.

Brillante berufliche Laufbahn

Alonso erlebte eine bemerkenswerte Profikarriere und gewann zahlreiche Titel und Ehrungen mit Real Madrid, Liverpool, Bayern München und der spanischen Nationalmannschaft. Er gilt als einer der besten Mittelfeldspieler seiner Generation und ist bekannt für seine außergewöhnliche Spielübersicht, seine präzisen Passfähigkeiten und seine Führung auf dem Spielfeld.

Am goldenen Sandstrand von La Concha lieferte sich Xabi Alonso unvergessliche Fußballschlachten mit seinem Nachbarn Mikel Arteta. Diese Freundschaftsspiele ermöglichten es Alonso, seine Fähigkeiten als junger Spieler zu verbessern. Der Einfluss seines Vaters, des ehemaligen Fußballspielers Periko Alonso, war in Alonsos Spielstil unbestreitbar. Allerdings hatte der junge Xabi mehr Freude daran, präzise Pässe zu verteilen, als Tore zu erzielen. Er erkannte schnell, dass seine Stärke in seiner Fähigkeit lag, das Spiel vom Mittelfeld aus zu orchestrieren.

Alonso war sich seiner Stärken bewusst und entschied sich für die Rolle des defensiven Mittelfeldspielers. Er verstand, dass diese Position es ihm ermöglichen würde, seine Vision des Spiels zu entwickeln und die Kunst des Vertriebs zu meistern. Als Metronom im Mittelfeld konnte er das Tempo des Spiels kontrollieren und mit seinem präzisen Passspiel verheerende Angriffe starten.

Freundliche Kämpfe am Strand von La Concha und die Lehren seines Vaters prägten Alonsos einzigartigen Spielstil, der zu einem der komplettesten und am meisten bewunderten Mittelfeldspieler seiner Generation werden sollte. Im Alter von 16 Jahren verließ Xabi Alonso Spanien, um in der Stadt Kells in die irische Kultur einzutauchen. Sein Ziel war es, sein Englisch zu verbessern, doch er entdeckte eine unerwartete neue Leidenschaft: den gälischen Fußball.

Inmitten der grünen irischen Hügel gesellte sich Alonso zu den einheimischen Jungen und versuchte sich an diesem traditionellen Sport. Trotz seiner spanischen Herkunft gewöhnte er sich schnell an die komplexen Regeln und die körperliche Intensität des gälischen Fußballs.

Seine Liebe zu diesem Sport ist im Laufe der Jahre noch stärker geworden. Noch heute bezeichnet sich Alonso als Bewunderer des gälischen Fußballs und unterstützt insbesondere das irische Team Meath GAA. Alonsos Erfahrung in Irland erweiterte nicht nur seinen sprachlichen Horizont, sondern bereicherte auch seine Liebe zum Sport. Seine Wertschätzung für den gälischen Fußball ist ein Beweis für seine Neugier und seine Bereitschaft, sich auf andere Kulturen und Traditionen einzulassen.

Xabi Alonso und sein Freund aus Kindertagen, Mikel Arteta, hatten einen gemeinsamen Traum: gemeinsam für Real Sociedad, ihren örtlichen Verein, zu spielen. Trotz ihrer Ausbildung in verschiedenen Einrichtungen schlossen sich die beiden jungen Fußballer im Antiguoko zusammen, einem örtlichen Verein, in dem sie am Wochenende glänzten.

Alonsos herausragende Leistungen bei Antiguoko erregten schnell die Aufmerksamkeit der Scouts des spanischen Giganten. Sowohl Real Sociedad als auch der FC Barcelona haben Interesse an dem jungen Mittelfeldspieler bekundet. Arteta wurde inzwischen von den Katalanen rekrutiert. Doch Alonsos Traum, an der Seite seines Jugendfreundes zu spielen, wurde auf unerwartete Weise wahr. Er schloss sich nicht nur Real Sociedad an, sondern auch sein älterer Bruder Mikel unterschrieb bei den Realisten.

Das Schicksal hatte für Alonso und Arteta einen etwas anderen Weg geplant, aber ihre Leidenschaft für Fußball und ihre unerschütterliche Freundschaft führten sie auf der Weltbühne zusammen. Sie wurden zu Ikonen ihrer jeweiligen Vereine und erlebten eine außergewöhnliche Karriere, in der sie zahlreiche Titel und Auszeichnungen gewannen.

Xabi Alonso ist in den Jugendmannschaften von Real Sociedad aufgestiegen und beeindruckt auf allen Ebenen mit seinen technischen Fähigkeiten und seiner taktischen Intelligenz. Seine herausragenden Leistungen brachten ihm im Alter von 18 Jahren den Aufstieg in die erste Mannschaft ein. Am 1. Dezember 1999 erfüllte sich A-lonso seinen Traum, indem er sein offizielles Debüt für Real Sociedad in einem Spiel der Copa del Rey gegen CD Logroñés gab. Sein Debüt markierte den Beginn einer brillanten Profikarriere, die ihn in die höchsten Höhen des Weltfußballs führen sollte.

Obwohl Real Sociedad in dieser Zeit Probleme hatte, etablierte sich Alonso als Schlüsselspieler der Mannschaft. Sein präzises Passspiel, seine Spielübersicht und seine natürliche Führung erregten schnell die Aufmerksamkeit der größten Vereine Europas. Nach drei Spielzeiten bei Real Sociedad wurde Alonso 2009 von Real Madrid verpflichtet. Er wurde zu einer der Säulen des damaligen Galaktischen Teams und gewann zahlreiche Titel und Auszeichnungen, darunter zwei La Liga-Titel und zwei Siege in der Champions League.

Alonsos Karriere blühte auch nach seinem Abschied von Real Madrid weiter auf. Er spielte für Liverpool, Bayern München und die spanische Nationalmannschaft, gewann viele weitere Trophäen und hinterließ unauslöschliche Spuren in der Fußballgeschichte.

Trotz seines vielversprechenden Debüts kam Xabi Alonso in dieser ersten Saison nicht zu weiteren Einsätzen für die erste Mannschaft von Real Sociedad. In der folgenden

Saison erhielt er jedoch unter dem neuen Trainer Javier Clemente mehr Spielzeit. Um seinen Fortschritt zu fördern und ihm Erfahrung auf hohem Niveau zu bieten, beschloss Clemente, Alonso für die Saison 2000/01 an SD Eibar, einen spanischen Zweitligisten, zu verleihen. Diese Leihe erwies sich als entscheidend für Alonsos Entwicklung als Spieler.

Bei Eibar etablierte sich Alonso als unbestrittener Stammspieler im Mittelfeld. Er bestritt 37 Ligaspiele, erzielte dabei 3 Tore und lieferte zahlreiche Assists. Seine Leistungen ermöglichten es Eibar, die Saison auf einem respektablen 10. Platz zu beenden.

Alonsos Erfahrung bei Eibar ermöglichte es ihm, wertvolle Erfahrungen im Profifußball zu sammeln und Vertrauen in seine Fähigkeiten zu gewinnen. Im Sommer 2001 kehrte er als viel kompletterer Spieler zu Real Sociedad zurück und war bereit, sich in der ersten Mannschaft zu etablieren. Im Januar 2001 befand sich Real Sociedad in einer gefährlichen Situation und belegte den letzten Platz in der La Liga-Tabelle. Angesichts dieser Krise beschloss der Verein, Trainer Javier Clemente zu entlassen. John

Toshack, der ehemalige Trainer des Vereins, wurde abberufen, um die Leitung der Mannschaft zu übernehmen.

Unter der Leitung von Toshack verkürzte sich die Spielzeit von Xabi Alonso. Der walisische Trainer zog es vor, erfahrenere Spieler im Mittelfeld einzusetzen. Alonso bestritt in der zweiten Hälfte der Saison 2000/01 nur elf La-Liga-Spiele. Trotz der Schwierigkeiten, mit denen Alonso auf individueller Ebene konfrontiert war, gelang es Real Sociedad, in der ersten Liga zu bleiben. Unter der Führung von Toshack erzielte das Team eine Reihe guter Ergebnisse und beendete die Saison auf einem komfortablen 14. Platz.

Diese schwierige Saison war ein Meilenstein in Alonsos Karriere. Es ermöglichte ihm, die Anforderungen des Spitzenfußballs zu verstehen und seine Widerstandsfähigkeit angesichts von Schwierigkeiten zu entwickeln. Er profitierte auch von der Erfahrung von Toshack, einem Trainer, der für seinen rigorosen taktischen Ansatz bekannt ist. Die Saison 2002/03 markierte einen Wendepunkt für Real Sociedad und Xabi Alonso. Unter der Führung von Trainer Raynald Denoueix zeigte die

Mannschaft eine ihrer besten Leistungen seit dem Gewinn der Meisterschaft im Jahr 1982.

Real Sociedad beendete die Saison auf dem zweiten Platz der La Liga, nur zwei Punkte hinter dem amtierenden Meister Real Madrid. Diese außergewöhnliche Leistung ermöglichte es dem Verein zum ersten Mal in seiner Geschichte, sich für die Champions League zu qualifizieren.

Alonso spielte in dieser Saison eine Schlüsselrolle für den Erfolg von Real Sociedad. Er hatte sich als unbestrittener Starter im Mittelfeld etabliert und war einer der besten Spieler auf seiner Position in Spanien. Sein präzises Passspiel, seine Spielübersicht und seine Führungsqualitäten waren für die Mannschaft von entscheidender Bedeutung.

Die Qualifikation für die Champions League war ein historischer Moment für Real Sociedad und für Alonso. Es war Alonsos erste Teilnahme am prestigeträchtigsten Klubwettbewerb Europas und er wollte sein Talent unbedingt auf der internationalen Bühne unter Beweis stellen.

Die herausragende Saison 2002/03 von Real Sociedad brachte Xabi Alonso jede Menge individuelles Lob ein. Er wurde von der Zeitschrift Don Balón zum „Besten spanischen Fußballer“ gewählt , eine prestigeträchtige Auszeichnung, die die besten spanischen Spieler der Saison würdigt.

Alonso wurde auch für seinen offensiven Beitrag während dieser Kampagne gewürdigt. Er hat in allen Wettbewerben 12 Tore geschossen, eine beeindruckende Summe für einen Mittelfeldspieler. Seine Tore waren oft spektakulär, darunter meisterhafte Distanzschüsse und Freistöße.

Alonsos Leistungen haben die Aufmerksamkeit der größten Vereine Europas auf sich gezogen. Real Madrid, der FC Barcelona und Liverpool waren alle daran interessiert, den talentierten Mittelfeldspieler zu verpflichten. Letztlich war es Real Madrid, dem es im Sommer 2004 gelang, sich die Dienste von Alonso zu sichern.

Alonsos Wechsel zu Real Madrid markierte den Beginn eines neuen Kapitels seiner Karriere. Er entwickelte sich zu einem der erfolgreichsten Spieler in der Vereinsgeschichte und gewann zahlreiche Titel und Auszeichnungen, darunter zwei La Liga-Titel und zwei Champions-League-Siege.

Die herausragenden Leistungen von Xabi Alonso bei Real Sociedad erregten auch die Aufmerksamkeit des spanischen Nationaltrainers Iñaki Sáez. Im April 2003 wurde Alonso erstmals für ein Freundschaftsspiel gegen Ecuador in den spanischen Kader berufen.

Alonso gab sein Länderspieldebüt mit Stil und verhalf Spanien zu einem 4:0-Sieg. Er beeindruckte Sáez mit seiner Spielvision, seinem präzisen Passspiel und seiner Gelassenheit auf dem Platz.

Alonsos Aufstieg auf internationaler Ebene fiel für Spanien mit einer Phase der Erneuerung zusammen. La Roja bereitete sich auf die Europameisterschaft 2004 in Portugal vor und Alonso galt als einer der Schlüsselspieler der Mannschaft. Alonso spielte eine wichtige Rolle beim Einzug Spaniens ins Viertelfinale der EM 2004. Er erzielte in der Gruppenphase ein beeindruckendes Tor gegen Russland und war während des gesamten Turniers einer der besten Spieler der Mannschaft.

Alonsos internationale Karriere blühte nach der Euro 2004 weiter auf. Er war ein Schlüsselmitglied der spanischen Mannschaft, die die Europameisterschaft 2008 und die Weltmeisterschaft 2010 gewann. Er nahm auch an der Euro 2012 und der Weltmeisterschaft 2014 teil, bevor er sich 2014 aus dem internationalen Dienst zurückzog 2014.

Die Saison 2003/04 war eine ereignisreiche Saison für Real Madrid und Xabi Alonso. Das Team hatte Höhen und Tiefen, mit beeindruckenden Leistungen in der Champions League und Schwierigkeiten in der Liga. In der Champions League belegte Real Madrid hinter Juventus Turin den zweiten Platz in seiner Gruppe, qualifizierte sich aber für das Achtelfinale. Alonso spielte eine Schlüsselrolle im Lauf der Mannschaft, indem er in jedem Spiel spielte und entscheidende Vorlagen lieferte.

In der Liga litt Real Madrid jedoch unter der Spielbelastung und landete auf dem 15. Platz, womit es nur knapp dem Abstieg entging. Das Team hatte Mühe, Konstanz zu finden, und war die ganze Saison über unbeständig.

Trotz der Schwierigkeiten in der Meisterschaft glänzte Alonso weiterhin individuell. Er war einer der besten Spieler der Mannschaft und erregte die Aufmerksamkeit mehrerer großer europäischer Vereine. Im Sommer 2004 verließ Alonso Real Sociedad, um sich Real Madrid anzuschließen. Der Transfer markierte den Beginn eines neuen Kapitels in seiner Karriere und ermöglichte ihm, an der Seite einiger der besten Spieler der Welt zu spielen.

Trotz Alonsos guten Leistungen bei Real Sociedad und den Schwierigkeiten des Teams in der Liga beschloss Alonso, für die Saison 2003/04 im Verein zu bleiben. Titelverteidiger Real Madrid war an einer Verpflichtung von Alonso interessiert, der Transfer wurde jedoch vom Präsidenten von Real Sociedad, José Luis Astiazarán, blockiert. Astiazarán verlangte 13 Millionen Pfund für Alonso, eine Summe, die Real Madrid für überhöht hielt. Der Präsident von Real Sociedad war entschlossen, das Beste aus Alonsos Transfer herauszuholen und war nicht zu Verhandlungen bereit.

Alonso respektierte die Entscheidung seines Vereins und blieb noch eine Saison bei Real Sociedad. Er war weiterhin einer der besten Spieler der Mannschaft, doch der Verein hatte in der Liga erneut Probleme und belegte den 15. Platz. Im Sommer 2004 verließ Alonso schließlich Real Madrid, um sich Real Madrid anzuschließen. Der Transfer wurde für weniger Geld abgeschlossen, als Astiaz Arán verlangt hatte, aber Alonso erfüllte sich seinen Traum, für einen der größten Vereine der Welt zu spielen.

Nach einer schwierigen Saison bei Real Sociedad nahm Xabi Alonso mit der spanischen Nationalmannschaft an der Euro 2004 teil. Er wurde im ersten Spiel gegen Russland eingewechselt und spielte das gesamte Spiel gegen Portugal, in dem Spanien in der Gruppenphase ausschied.

Alonsos Leistungen bei der Euro 2004 waren gemischt. Er zeigte sein Talent und seine Vision für das Spiel, machte aber auch einige Fehler. Spanien hatte Mühe, seinen Rhythmus im Turnier zu finden und schied vorzeitig aus.

Trotz der Enttäuschung bei der EM 2004 blieb Alonso ein wichtiges Mitglied der spanischen Nationalmannschaft. Er spielte eine wichtige Rolle bei der Qualifikation Spaniens für die Weltmeisterschaft 2006 und war einer der besten Spieler des Teams bei dem Turnier.

Alonso gewann mit Spanien die Europameisterschaft 2008 und die Weltmeisterschaft 2010. Er nahm auch an der EM 2012 und der Weltmeisterschaft 2014 teil, bevor er 2014 seine internationale Karriere beendete. Während der Sommertransferperiode 2004 rekrutierte Real Madrid Mikel Arteta, Alonsos Freund und ehemaliger Spieler von United Rangers FC. Die Ankunft von Arteta, einem Mittelfeldspieler wie Alonso, machte deutlich, dass dieser bei Real Madrid nicht weitermachen würde.

Am Ende nahm Real Madrid ein Angebot von Liverpool FC über 10,7 Millionen Pfund (rund 12 Millionen Euro) an, drei Millionen Pfund weniger, als Alonso Real Madrid vor einem Monat etwas mehr verlangt hatte. Real Sociedad gab den Deal mit den Reds am 20.

August 2004 bekannt. Alonso verließ den Verein, bei dem er seine Profikarriere begann, um sich einem der größten Vereine der Welt anzuschließen. Alonsos Wechsel nach Liverpool markierte einen Wendepunkt in seiner Karriere. Er entwickelte sich zu einem der besten Mittelfeldspieler der Premier League und gewann mit den Reds zahlreiche Titel, darunter 2005 die Champions League . Den Anfang machte die Ankunft von Xabi Alonso und Luis García bei Liverpool sowie die des neuen Trainers Rafael Benítez einer neuen Ära an der Anfield Road. Diese Ära ist als das „spanische Liverpool" bekannt. Benítez, ehemaliger Trainer von Valencia CF, versuchte, den Verein zu revolutionieren. Er erneuerte das Team gründlich, rekrutierte viele spanische Spieler und prägte dem Team seinen eigenen Führungsstil und seine eigene Taktik ein.

Benítez implementierte ein Spielsystem, das auf einer soliden Verteidigung und einem kreativen Mittelfeld basiert. Alonso und García standen im Mittelpunkt dieses Systems. Alonso war dafür verantwortlich, das Tempo des Spiels zu bestimmen und seinen Teamkollegen präzise Pässe zu liefern, während García ein schneller und geschickter Flügelspieler war, der Chancen erarbeiten und

Tore schießen konnte. Benítez' „Spanisches Liverpool" war sehr erfolgreich. Das Team gewann 2005 die Champions League, 2006 den FA Cup und 2006 den Community Shield. Alonso und García waren wichtige Mitglieder dieses siegreichen Teams.

Alonso hat sich unter Benítez zu einem der besten Mittelfeldspieler der Premier League entwickelt. Er wurde zweimal in das PFA-Team des Jahres gewählt und 2006 zum Liverpooler Spieler des Jahres gewählt. García war auch in Liverpool erfolgreich. Er schoss viele wichtige Tore und war ein wichtiges Mitglied der Mannschaft, die 2005 die Champions League gewann.

Die Ära des „spanischen Liverpool" endete 2007, als Benítez den Verein verließ, um zu Inter Mailand zu wechseln. Alonso und García blieben jedoch bei Liverpool und spielten bis zu ihrem Abgang 2009 bzw. 2007 weiterhin eine wichtige Rolle im Team.

Die von Benítez rekrutierten spanischen Trainer brachten einen neuen Ansatz nach Liverpool und legten mehr Wert auf Geschick als auf körperliche Stärke. Dadurch konnte Liverpool einen technischeren und kreativeren Spielstil entwickeln. Alonso gab am 29. August 2004 sein Premier-League-Debüt für Liverpool gegen die Bolton Wanderers im Reebok Stadium. Er spielte eine Schlüsselrolle beim 1:0-Sieg von Liverpool und lieferte eine entscheidende Vorlage für das Tor von Luis García. Alonso etablierte sich schnell als unumstrittener Stammspieler bei Liverpool und bildete mit Steven Gerrard ein beeindruckendes Mittelfeld-Duo. Er war dafür verantwortlich, das Tempo des Spiels zu bestimmen und seinen Teamkollegen präzise Pässe zu geben.

Unter der Führung von Benítez hat sich Alonso zu einem der besten Mittelfeldspieler der Premier League entwickelt. Er wurde zweimal in das PFA-Team des Jahres gewählt und 2006 zu Liverpools Spieler des Jahres gewählt. Alonso spielte eine Schlüsselrolle bei Liverpools Erfolgen unter Benítez. Er gewann die Champions League 2005, den FA Cup 2006 und den Community Shield 2006. Alonso verließ Liverpool 2009, um zu Real Madrid zu wechseln. Dennoch bleibt er einer der beliebtesten Spieler in der Vereinsgeschichte.

Obwohl Liverpool bei Alonsos Premier-League-Debüt mit 0:1 verlor, wurde der Spanier von der Vereinspresse für seine Passfähigkeiten gelobt. Eines der denkwürdigsten Spiele für Alonso und Liverpool fand am 17. Oktober 2004 im Craven Cottage gegen Fulham FC statt. Liverpool lag zur Halbzeit mit 0:2 zurück, als Benítez Alonso einwechselte, um Liverpool wiederzubeleben und das Spiel mit 4:2 für die Reds endete.

Im selben Spiel erzielte Alonso per direktem Freistoß sein erstes Tor in der Premier League für Liverpool. Es war ein großartiges Tor, das die gesamte technische Qualität von Alonso zeigte. Alonso entwickelte sich bei Liverpool schnell zu einem unumstrittenen Stammspieler und bildete mit Steven Gerrard ein beeindruckendes Mittelfeldduo. Er war dafür verantwortlich, das Tempo des Spiels zu bestimmen und seinen Teamkollegen präzise Pässe zu geben. Unter der Führung von Benítez hat sich Alonso zu einem der besten Mittelfeldspieler der Premier League entwickelt. Er wurde zweimal in das PFA-Team des Jahres gewählt und 2006 zum Liverpooler Spieler des Jahres gewählt.

Alonso war maßgeblich an Liverpools Erfolgen unter Benítez beteiligt. Er gewann die Champions League 2005, den FA Cup 2006 und den Community Shield 2006. Alonso verließ Liverpool 2009, um zu Real Madrid zu wechseln. Dennoch bleibt er einer der beliebtesten Spieler in der Vereinsgeschichte.

Alonso erzielte weiterhin wichtige Tore für Liverpool, darunter sein erstes Tor an der Anfield Road gegen Arsenal beim 2:1-Sieg. Es war ein großartiges Tor, das mit einem Weitschuss in die obere Ecke erzielt wurde. Alonso freute sich über diesen wichtigen Sieg und gewöhnte sich gut an sein neues Leben in England. Er war schnell zum Liebling der Liverpool-Fans geworden und galt als einer der besten Mittelfeldspieler der Premier League. Unter Benítez spielte Alonso eine Schlüsselrolle für Liverpools Erfolg. Er gewann die Champions League 2005, den FA Cup 2006 und das Community Shield 2006.

Alonso verließ Liverpool 2009, um sich Real Madrid anzuschließen. Dennoch bleibt er einer der beliebtesten Spieler in der Vereinsgeschichte.

Weitere wichtige Tore von Alonso für Liverpool:

- Ausgleichstor gegen Chelsea FC im Halbfinale der Champions League 2005
- Siegtor gegen Real Madrid im Achtelfinale der Champions League 2009

Alonso war für seine Fähigkeit bekannt, spektakuläre Tore zu erzielen, oft durch Freistöße oder Distanzschüsse . Er war auch ein ausgezeichneter Passgeber und lieferte seinen Teamkollegen viele Vorlagen. Das Spiel gegen Arsenal markierte Steven Gerrards Rückkehr nach einer Verletzung. Alonsos Mittelfeldpartnerschaft mit dem Kapitän wurde jedoch abgebrochen, als Alonso in Liverpool seinen ersten Rückschlag erlitt.

Am 1. Januar 2005 brach sich Alonso nach einem Foul von Frank Lampard bei Liverpools 0:1-Niederlage gegen Chelsea FC den Knöchel. Der Spanier wurde drei Monate lang aus dem Team ausgeschlossen.

Es war ein großer Verlust für Liverpool, da Alonso zu einem Schlüsselspieler der Mannschaft geworden war. Er war dafür verantwortlich, das Tempo des Spiels zu bestimmen und seinen Teamkollegen präzise Pässe zu geben.

Trotz Alonsos Verletzung spielte Liverpool unter der Führung von Benítez weiterhin gut. Das Team gewann 2005 die Champions League und 2006 den FA Cup. Alonso erholte sich im April 2005 von seiner Verletzung und spielte eine Schlüsselrolle beim Champions-League-Sieg Liverpools. Im Finale gegen den AC Mailand erzielte er ein großartiges Tor und verhalf Liverpool damit zum fünften Europameistertitel. Alonso blieb bis 2009 bei Liverpool, als er zu Real Madrid wechselte. Er gilt als einer der besten Spieler der Vereinsgeschichte.

Xabi Alonso kehrte im Viertelfinal-Rückspiel der Champions League gegen Juventus FC in die erste Mannschaft zurück. Er war noch nicht ganz fit, aber da Steven Gerrard verletzt war, musste der Spanier die gesamten neunzig Minuten spielen.

Liverpool gelang es, in Italien ein 0:0-Unentschieden zu erringen und sich nach einem 2:1-Sieg an der Anfield Road für das Halbfinale zu qualifizieren. Alonso spielte eine Schlüsselrolle beim Sieg von Liverpool über Juventus. Er war dafür verantwortlich, das Tempo des Spiels zu bestimmen und seinen Teamkollegen präzise Pässe zu geben. Er war auch defensiv solide und half Liverpool dabei, ohne Gegentor zu bleiben.

Alonsos Leistung gegen Juventus zeigte, dass er nach seiner Verletzung wieder in Bestform war. Er war erneut einer der besten Mittelfeldspieler der Premier League. Liverpool spielte nach dem Sieg über Juventus weiterhin gut. Das Team erreichte das Champions-League-Finale, verlor jedoch im Elfmeterschießen gegen den AC Mailand. Trotz der Niederlage im Finale war die Saison 2004/05 eine erfolgreiche Saison für Liverpool. Das Team gewann die Champions League und den FA Cup. Alonso war einer der Schlüsselspieler dieser siegreichen Mannschaft.

In der nächsten Runde gegen Chelsea erhielt Alonso während eines spannenden Spiels, das mit einem 0:0-Unentschieden an der Stamford Bridge endete, eine gelbe Karte. Diese Warnung führte zu einer Sperre für ein Spiel. Alonso verpasste daher das Hinspiel des Champions-League-Halbfinales gegen Chelsea. Liverpool verlor dieses Spiel mit 0:1 an der Stamford Bridge. Zum Glück für Liverpool gewann das Team das Rückspiel an der Anfield Road mit 2:1 und qualifizierte sich damit für das Finale. Alonso spielte eine Schlüsselrolle beim Sieg, indem er Luis Garcías Tor vorbereitete.

Im Finale traf Liverpool auf den AC Mailand. Das Spiel endete nach Verlängerung mit einem 3:3-Unentschieden. Liverpool verlor letztlich im Elfmeterschießen. Trotz der Niederlage im Finale war die Saison 2004/05 eine erfolgreiche Saison für Liverpool. Das Team gewann die Champions League und den FA Cup. Alonso war einer der Schlüsselspieler dieser siegreichen Mannschaft. Liverpools fünfter Platz in der Premier League ließ zu wünschen übrig, doch in der Champions League erwartete Alonso Ruhm. Das Team ging mit einem Stand von 0:3 in die Halbzeit des Finales, erlebte aber eine spektakuläre zweite Halbzeit.

Liverpool konnte den Rückstand schnell auf 2:3 verkürzen, als die englische Mannschaft einen Elfmeter zu ihren Gunsten erhielt. Alonso schoss den Elfmeter, doch sein

Schuss wurde vom brasilianischen Torhüter Dida pariert. Allerdings war Alonso als Erster am Ball und er erzielte den 3:3-Anschlusstreffer. Alonsos Tor gab Liverpool einen enormen Auftrieb. Die Mannschaft machte weiter Druck und gewann das Spiel schließlich im Elfmeterschießen.

Alonsos Tor im Champions-League-Finale 2005 ist einer der ikonischsten Momente in der Vereinsgeschichte. Es war ein Tor, das Liverpool Hoffnung gab und dazu beitrug, dass die Mannschaft das Spiel gewann. Alonso wurde nach seinem Auftritt im Champions-League-Finale zur Liverpool-Legende. Er gilt als einer der besten Mittelfeldspieler der Vereinsgeschichte.

Liverpool gewann mit 3:2 im Elfmeterschießen und Alonso wurde für seine entscheidende Rolle beim Comeback der Mannschaft gelobt. Es war ein sehr erfolgreiches erstes Jahr für Alonso in England und der Sieg im Finale von Europas größtem Vereinswettbewerb markierte den Beginn einer glänzenden Zukunft im Alter von 23 Jahren. Alonso blieb bis 2009 bei Liverpool, als er zu Real Madrid wechselte. Er gilt als einer der besten Spieler der Vereinsgeschichte. Während der Saison 2005/06 behielt Xabi Alonso seinen Startstatus, hauptsächlich aufgrund von Verletzungen eines anderen Spielers. Diese Situation stand im Gegensatz zu seiner fünften Saison, in der er einer zunehmenden Konkurrenz ausgesetzt war.

Liverpools Spielstil entwickelt sich weiter

Die Ankunft von Peter Crouch auf dem Transfermarkt im Sommer 2005 löste Spekulationen über einen möglichen Wechsel in Liverpools Spielstil aus. Man ging davon aus, dass die Anwesenheit des schlaksigen Angreifers einen direkteren, auf langen Pässen basierenden Fußball fördern würde.

Crouch verwarf diese Hypothese jedoch schnell. Er sagte, er erkenne die Passfähigkeiten von Alonso und Gerrard an, zwei Spielern, die bereits in den letzten Jahren Liverpools Spielstil geprägt hätten. Damit deutete er an, dass das direkte Spiel keine wichtige Strategie für die Mannschaft darstellen würde. Die Verpflichtung von Mohamed Sissoko während des Sommertransferfensters

2005 verschärfte die Konkurrenz für Alonso auf der Mittelfeldposition. Benítez kannte Sissoko gut aus seiner Zeit bei Valencia CF und sah in ihm eine wertvolle Bereicherung für sein Liverpooler Team.

Die wiederkehrenden Verletzungen von Steven Gerrard zwangen Benítez jedoch, häufiger auf das 4-5-1-Spielsystem zurückzugreifen. Diese Formation garantierte Alonso einen Platz im Team, da sie aus drei zentralen Mittelfeldspielern bestand . Alonso startete in dieser Saison in allen Champions-League-Spielen von Liverpool. Allerdings konnte das Team die Dominanz der vorherigen Saison nicht wiederholen und verlor im Achtelfinale gegen SL Benfica.

Das Ausscheiden von Liverpool im Achtelfinale der Champions League war eine große Enttäuschung für das Team. Nachdem die Reds in der vergangenen Saison das Finale erreicht hatten, hofften sie, ihre europäische Reise fortsetzen zu können. Sie wurden jedoch von SL Benfica geschlagen, einer portugiesischen Mannschaft, die Liverpools Defensivfehler ausnutzte.

Trotz der allgemeinen Enttäuschung der europäischen Saison blieb Alonso ein wichtiger Teil der Liverpooler Mannschaft. Seine Spielvision, seine Passfähigkeiten und seine taktische Intelligenz waren für Benítez' Spielstil von entscheidender Bedeutung.

Am Ende der Saison 2005/06 war Alonsos Zukunft in Liverpool ungewiss. Er wurde mit einem Wechsel zu Real Madrid in Verbindung gebracht, und einige glaubten, er könnte Anfield auf der Suche nach einer neuen Herausforderung verlassen. Letztendlich entschied sich Alonso jedoch, in Liverpool zu bleiben, wo er auch in den kommenden Saisons eine Schlüsselrolle spielen würde . Trotz Spekulationen über einen möglichen Wechsel zu Real Madrid entschied sich Alonso im Sommer 2006 schließlich für einen Verbleib beim FC Liverpool. Er unterschrieb einen neuen Vierjahresvertrag bei den Reds und setzte damit den Gerüchten über seinen Abgang ein Ende.

Alonso ist unter Rafa Benítez weiterhin ein wichtiger Teil der Liverpooler Mannschaft. Seine Spielvision, seine Passfähigkeiten und seine taktische Intelligenz waren für den Spielstil des spanischen Trainers von entscheidender Bedeutung. Auch in den darauffolgenden Spielzeiten feierte Alonso mit Liverpool weiterhin Erfolge. Er gewann den FA Cup 2006 und spielte eine Schlüsselrolle beim Champions-League-Sieg Liverpools 2007. Er entwickelte sich zu einem der besten Mittelfeldspieler der Welt und wurde für seine Qualitäten weithin anerkannt.

Alonso verließ Liverpool im Jahr 2009, um zu Real Madrid zu wechseln, bleibt aber unter den Reds-Fans eine beliebte Figur. Sein Erbe an der Anfield Road ist das eines talentierten und hart arbeitenden Spielers, der eine Schlüsselrolle bei einigen der größten Erfolge des Vereins spielte.

Am 7. Januar 2006 zeigte Alonso in einem Spiel der dritten Runde des FA Cup gegen Luton Town eine herausragende Leistung. Die Reds lagen zur Halbzeit mit 1:3 zurück, doch Alonso brachte Liverpool mit zwei spektakulären Toren zurück ins Spiel. Das erste Tor war ein Distanzschuss, das zweite ein gewagter Schuss aus der eigenen Hälfte. Diese beiden Tore führten dazu, dass Liverpool das Spiel mit 5:3 gewann.

Alonsos Freude war jedoch nur von kurzer Dauer. Während eines Spiels gegen Portsmouth, das mit einem 3:1-Sieg endete, verletzte er sich am Knöchel. Die Verletzung ließ seine Teilnahme am FA-Cup-Finale zweifeln. Alonsos Knöchelverletzung war ein schwerer Schlag für Liverpool. Er war einer der Schlüsselspieler der Mannschaft und seine Abwesenheit wäre im Finale ein großes Handicap gewesen.

Die Liverpool-Fans warteten mit angehaltenem Atem darauf, herauszufinden, ob Alonso fit für das Finale sein würde. Seine Anwesenheit auf dem Platz wäre für Liverpools Siegchancen von entscheidender Bedeutung.

Trotz seiner Knöchelverletzung erholte sich Alonso so weit, dass er im FA-Cup-Finale gegen West Ham United spielen konnte. Er war noch nicht ganz genesen, aber er war fest entschlossen, seinem Team zum Gewinn des Pokals zu verhelfen. Das Finale war ein spannendes Unentschieden, bei dem beide Teams in der regulären Spielzeit jeweils drei Tore erzielten. Alonso wurde mitten im Spiel ausgewechselt, aber Liverpool schaffte es, den FA Cup im Elfmeterschießen zu gewinnen.

Der FA-Cup-Sieg war für Alonso und Liverpool ein Moment des Ruhms. Es war Alonsos erster großer Pokal mit dem Verein und er spielte eine Schlüsselrolle beim Sieg seiner Mannschaft. Der FA-Cup-Sieg 2006 bleibt einer der Höhepunkte in Alonsos Liverpool-Karriere. Es war ein Beweis für seine Entschlossenheit und sein Talent und trug dazu bei, sein Vermächtnis als einer der größten Spieler in der Vereinsgeschichte zu festigen.

Am 20. September 2006 erzielte Alonso aus seiner eigenen Hälfte ein denkwürdiges Tor gegen Newcastle United. Die BBC beschrieb das Tor als grausamen Angriff, Alonso betrachtete es jedoch als sein bestes Tor. Das Tor fiel, als Newcastle-Torhüter Shay Given aus seinem Strafraum kam und versuchte, den Ball zu klären. Alonso entdeckte Given außerhalb seines Käfigs und versuchte sein Glück mit einem Fernschuss. Der Ball schwebte über Givens Kopf und landete im leeren Tor.

Am 8. Juni 2007 verlängerte Alonso seinen Vertrag mit Liverpool um fünf Jahre und beendete damit die Spekulationen über seinen Abgang. Er hatte sich bei Liverpool sehr gut integriert und war zu einem Schlüsselspieler der

Mannschaft geworden. Alonsos Vertragsverlängerung war eine gute Nachricht für Liverpool-Fans. Es war ein Zeichen dafür, dass er sich langfristig für den Verein engagierte und weiterhin zum Erfolg der Mannschaft beitragen wollte. Alonso hat sich bei Liverpool sowohl persönlich als auch beruflich sehr gut integriert. Er fand schnell Freunde im Team und wurde zum Liebling der Fans.

Auf dem Platz hat Alonso maßgeblich zum Erfolg von Liverpool beigetragen. Seine technischen Qualitäten und seine taktische Intelligenz haben ihn zu einem der besten Mittelfeldspieler der Welt gemacht.

Die Saison 2007/08 begann für Alonso gut. Die Abwesenheit von Steven Gerrard ermöglichte es Alonso, auf einer fortgeschritteneren Position zu spielen, und er erzielte zwei Tore beim 6:0-Sieg über den Premier-League-Neuling Derby County. Diese beiden Tore zeigten Alonsos Offensivqualitäten. Er war in der Lage, Tore außerhalb des Strafraums zu erzielen, und war auch bei Freistößen gefährlich.

Alonsos brillanter Start war jedoch nur von kurzer Dauer. Er verletzte sich bei einem Spiel gegen Portsmouth und die Verletzung verschlimmerte sich im Training. Diese Verletzung war ein schwerer Schlag für Alonso und Liverpool. Alonso war einer der Schlüsselspieler des Teams und seine Abwesenheit würde schwer zu ersetzen sein.

Alonsos Verletzung hatte einen negativen Einfluss auf Liverpools Saison. Das Team hatte Mühe, einen geeigneten Ersatz für Alonso zu finden, und beendete die Saison auf dem vierten Platz, wodurch es die Qualifikation für die Champions League verpasste. Alonso erholte sich schließlich von seiner Verletzung, kehrte jedoch in dieser Saison nicht zu seiner Bestform zurück. Er litt unter Verletzungen und konnte nicht die Form wiederfinden, die ihm den Ruf als einer der besten Mittelfeldspieler der Welt eingebracht hatte.

Alonsos Mittelfußverletzung zwang ihn, sechs Wochen lang nicht zu trainieren. Er stürmte jedoch zurück in die erste Mannschaft und seine Verletzung trat in seinem ersten Rückspiel erneut auf. Alonsos überstürzte Rückkehr war ein kostspieliger Fehler. Dies verschlimmerte seine Verletzung und hielt ihn für mehrere Wochen außer Gefecht.

Diese Verletzung hatte einen negativen Einfluss auf Liverpools Saison. Das Team hatte Mühe, einen geeigneten Ersatz für Alonso zu finden, und beendete die Saison auf dem vierten Platz, wodurch es die Qualifikation für die Champions League verpasste. Alonso hat aus dieser Verletzung eine wertvolle Lektion gelernt. Er erkannte, dass es wichtig war, auf seinen Körper zu hören und nicht zu früh von einer Verletzung zurückzukommen.

Diese Lektion hat ihm in den folgenden Jahren gute Dienste geleistet. Es gelang ihm, schwere Verletzungen zu vermeiden und noch viele Jahre lang auf höchstem Niveau zu spielen . Das Sommertransferfenster 2008 war für Alonso eine Zeit der Unsicherheit. Liverpool war auf der Suche nach dem englischen Nationalspieler Gareth Barry, um ihn zu ersetzen, was Alonso bei Liverpool verunsicherte und sich seiner Position im Team nicht sicher war.

Die Fans des Vereins haben jedoch viel getan, um ihre Moral zu steigern. Sie zeigten ihre Unterstützung für Alonso und ließen ihn wissen, dass er immer noch ein wichtiger Spieler für die Mannschaft sei. Die Saison 2008/09 war für Alonso ein Neuanfang. Er eroberte seinen Platz im Team zurück und spielte eine Schlüsselrolle in Liverpools Saison.

Liverpool konnte in dieser Saison keine Trophäen gewinnen, aber Alonso kehrte zu seiner besten Form zurück. Er war erneut einer der besten Mittelfeldspieler der Premier League. Im Januar 2009 unterzeichnete Alonso einen neuen Vertrag mit Liverpool. Dieser neue Vertrag war ein Zeichen von Alonsos Engagement für den Verein.

Alonso war entschlossen, Liverpool dabei zu helfen, zu seinem früheren Glanz zurückzukehren. Er war davon überzeugt, dass die Mannschaft das Potenzial hatte, Trophäen zu gewinnen, und er war fest entschlossen, zu diesem Erfolg beizutragen. Trotz der Ereignisse des Sommers hatte Alonso einen vielversprechenden Saisonstart. Seine Teamkollegen und die Presse lobten seine Charakterstärke und nannten seinen Einfluss als einen Faktor für den starken Saisonauftakt des Teams. Alonsos Bedeutung für die Mannschaft wurde noch deutlicher, als er beim 0:1-Sieg gegen Chelsea durch eine Ablenkung das einzige Tor erzielte. Der Sieg machte Liverpool zum ersten Auswärtsteam seit über vier Jahren, das an der Stamford Bridge gewann. Alonso war ein Schlüsselspieler im Liverpooler Team. Er war auf und neben dem Feld ein Anführer und seine Erfahrung und Qualität waren entscheidend für den Erfolg des Teams.

Alonso spielte in dieser Saison eine Schlüsselrolle in Liverpools Saison. Das Team belegte in der Premier League den zweiten Platz und erreichte das Champions-League-Finale. Alonso verließ Liverpool im Jahr 2009, bleibt aber unter den Reds-Fans eine beliebte Figur. Sein Erbe an der Anfield Road ist das eines talentierten und hart arbeitenden Spielers, der eine Schlüsselrolle bei einigen der größten Erfolge des Vereins spielte. Die statistische Analyse spiegelte Alonsos gute Form in dieser Saison wider. Am 11. Dezember gaben Zahlen von Opta Sports bekannt, dass er der erste Premier-League-Spieler war, der während der Saison 1.000 erfolgreiche Pässe absolvierte.

Diese Zahl ist ein Beweis für Alonsos außergewöhnliche Passfähigkeit. Er war einer der besten Passgeber der Welt und sein präzises Passspiel war für Liverpools Spielstil von entscheidender Bedeutung. Alonsos letztes Tor für Liverpool fiel am 25. April beim 1:3-Auswärtssieg bei Hull City. Er erzielte ein Tor, nachdem sein Freistoß von der Hull-Mauer abgefälscht wurde.

Dieses Tor war ein Beispiel für Alonsos technische Qualität. Er war in der Lage, Tore außerhalb des Strafraums zu erzielen und war auch bei Freistößen gefährlich. Alonso verließ Liverpool im Jahr 2009, bleibt aber unter den Reds-Fans eine beliebte Figur. Sein Erbe an der Anfield Road ist das eines talentierten und hart arbeitenden Spielers, der eine Schlüsselrolle bei einigen der größten Erfolge des Vereins spielte.

Alonso bei Real Madrid : ein umstrittener Abgang

Am 5. August 2009 überraschte Liverpool die Fußballwelt mit der Ankündigung des Transfers von Xabi Alonso zu Real Madrid für eine Ablösesumme von 30 Millionen Pfund. Der Wechsel sorgte für große Kontroversen, da Alonso als wichtiger Teil des Teams galt und sein Vertrag noch mindestens drei Jahre auslief.

Einige Quellen behaupteten, dass Alonso Anfield nie verlassen wollte, aber Differenzen mit dem damaligen Trainer Rafael Benitez zwangen ihn, die Anfield Road zu verlassen. Es gab Gerüchte, dass Alonso Benitez verärgert habe, indem er seinen Unmut über die Taktik des Teams zum Ausdruck gebracht habe.

Alonsos ehemaliger Teamkollege Steven Gerrard war zutiefst betroffen von seinem Abgang. Er sagte, er sei „am Boden zerstört" über die Entscheidung und behauptete, Alonsos Abwesenheit sei ein wesentlicher Faktor für Liverpools schlechte Form zu Beginn der folgenden Saison gewesen. Auch die Liverpool-Fans äußerten ihre Bestürzung über Alonsos Abgang. Sie befürchteten, dass seine Abwesenheit die Mannschaft erheblich schwächen und ihn seiner Kreativität und Kontrolle im Mittelfeld berauben würde.

Alonso bestand jedoch darauf, dass er die Entscheidung, den Verein zu verlassen, aus persönlichen Gründen getroffen habe und seine Entscheidung nicht bereut habe. Er sagte, Real Madrid sei ein „besonderer" Verein mit einer reichen Geschichte und Tradition. Trotz der umstrittenen Umstände seines Abgangs genoss Alonso eine erfolgreiche Karriere bei Real Madrid und gewann zahlreiche Trophäen, darunter die UEFA Champions League im Jahr 2014.

Nach seinem Wechsel zu Real Madrid erhielt Xabi Alonso das Trikot mit der Nummer 22 und spielte auf seiner gewohnten Position als Mittelfeldspieler. Seine erste Saison beim Madrider Klub war von Erfolg gekrönt.

Sein erstes Tor für Real Madrid erzielte Alonso am 21. Februar 2010 per Elfmeter gegen Villarreal beim überwältigenden 6:2-Sieg. Unter Trainer Manuel Pellegrini entwickelte sich Alonso zu einem unbestrittenen Stammspieler, der jedes Spiel der Champions League und der La Liga bestritt, sofern er sich nicht verletzte oder sperrte.

Alonsos Qualitäten im Mittelfeld waren offensichtlich. Seine Spielvision, seine Passgenauigkeit und seine Tacklingseffizienz brachten Stabilität und Kreativität in die Mannschaft von Real Madrid. Er bildete eine starke Partnerschaft mit Sami Khedira und sorgte für ein Gleichgewicht zwischen Verteidigung und Angriff. Alonsos erste Saison bei Real Madrid war geprägt von konstanten Leistungen und einer Schlüsselrolle für den Erfolg des Teams. Er trug dazu bei, den Verein auf den zweiten Platz in La Liga und ins Halbfinale der Champions League zu führen.

Mit seiner Erfahrung, Führungsqualitäten und technischen Qualitäten wurde Alonso schnell zu einem wichtigen Teil des Mittelfelds von Real Madrid und war maßgeblich an den zukünftigen Erfolgen des Vereins beteiligt. Xabi Alonso brachte seinen magischen Touch in seiner ersten Saison bei Real Madrid mit und half der Mannschaft, mit 96 Punkten einen neuen La Liga-

Punkterekord aufzustellen, nur drei Punkte hinter dem Sieger Barcelona.

Es war bemerkenswerterweise das dritte Mal in Alonsos Karriere, dass er seinem Team dabei half, einen neuen Vereinsrekord für erzielte Punkte aufzustellen und dabei den zweiten Platz belegte. Dasselbe gelang ihm 2002/03 mit Real Sociedad und 2008/09 mit Liverpool. Diese Tatsache unterstreicht Alonsos tiefgreifenden Einfluss auf die Teams, in denen er spielte. Seine Fähigkeit, die kollektive Leistung zu verbessern und seine Teamkollegen zu neuen Höhen zu inspirieren, ist ein Beweis für seine Führungsqualitäten und seinen Einfluss auf dem Feld.

Trotz der Enttäuschung über den zweiten Platz in La Liga spielte Alonso eine entscheidende Rolle beim historischen Erfolg von Real Madrid. Seine Spielintelligenz, seine Passgenauigkeit und seine Tacklingseffizienz brachten Stabilität und Kreativität in das Mittelfeld der Mannschaft.

Der von Real Madrid in dieser Saison aufgestellte Punkterekord blieb mehrere Jahre lang unübertroffen , was die

Qualität der Mannschaft und die wichtige Rolle, die A-lonso bei diesem Erfolg spielte, unter Beweis stellte.

Die erste Saison von Xabi Alonso bei Real Madrid war von individuellem und kollektivem Erfolg gekrönt.

Auf individueller Ebene erzielte Alonso drei Tore und wurde als einer der „beständigsten“ Spieler des Vereins gefeiert. Seine Leistungen wurden von den Lesern der spanischen Sportzeitung Marca gewürdigt, die ihn als bevorzugten defensiven Mittelfeldspieler in ihr La Liga-Team der Saison aufnahm. Cristiano Ronaldo war der einzige andere Spieler von Real Madrid in dieser Mannschaft.

Alonso erhielt die gleiche Auszeichnung auch von ESPN Soccernet, einem anderen renommierten Sportmedienunternehmen. Diese Anerkennung ist ein Beweis für die Qualität und Wirkung von Alonsos Leistungen während seiner ersten Saison bei Real Madrid.

Zusätzlich zu seinen individuellen Auszeichnungen hat Alonso auch eine Schlüsselrolle für den kollektiven Erfolg von Real Madrid gespielt. Das Team stellte einen neuen Punkterekord in der La Liga auf und wurde Zweiter hinter Barcelona. Alonso brachte Stabilität und Kreativität in das Mittelfeld der Mannschaft und trug so dazu bei, die Gesamtleistung von Real Madrid zu verbessern. Die Anerkennung, die Alonso von seinen Kollegen und den Sportmedien erhielt, unterstreicht seine Bedeutung für Real Madrid und seinen Status als einer der besten Mittelfeldspieler der Welt zu dieser Zeit.

Xabi Alonsos herausragende Leistungen in seiner ersten Saison bei Real Madrid brachten ihm nicht nur individuelle Auszeichnungen, sondern auch Anerkennung der Liga de Fútbol Profesional (LFP), der spanischen Fußballliga, ein.

Alonso wurde bei den LFP Awards zusammen mit zwei anderen Weltklasse-Mittelfeldspielern für die Auszeichnung „Bester Mittelfeldspieler" nominiert: Barcelonas Xavi und Athletic Bilbaos Javi Martínez. Die Ernennung unterstreicht Alonsos Status als einer der besten Spieler auf seiner Position in Spanien.

Neben offiziellen Ehrungen erhielt Alonso von den spanischen Medien und den Fans von Real Madrid auch einen neuen liebevollen Spitznamen: „La Barba Ro ja“ [2]. Dieser Spitzname bezog sich auf Alonsos markanten roten Bart, der zum Symbol seiner Hartnäckigkeit und seines Kampfgeists auf dem Spielfeld wurde.

Der Spitzname „La Barba Roja“ ist ein Beweis für die Popularität und den Respekt, die Alonso in seiner ersten Saison bei Real Madrid bei spanischen Fans und Medien erlangte. Es ist auch ein Zeichen für den Einfluss, den er auf die Mannschaft hatte, indem er dazu beitrug, die Gesamtleistung des Vereins zu verbessern und sie zu einem neuen Punkterekord in der La Liga zu führen.

Die zweite Saison von Xabi Alonso bei Real Madrid war geprägt von der Ankunft eines neuen Trainers, José Mourinho, und einer Änderung der Trikotnummer, wobei Alonso nun die Nummer 14 trägt, die durch den Abgang von Vizekapitän Guti vakant war.

Obwohl Alonso in dieser Saison kein Tor erzielte, blieb er ein wichtiger Teil der Mannschaft. Seine Rolle als defen-

[2] ("Roter Bart")

siver Mittelfeldspieler war von wesentlicher Bedeutung in Mourinhos Spielsystem, das auf defensive Solidität und schnelle Gegenangriffe Wert legte.

Alonsos Tacklingseffizienz, Passgenauigkeit und Spielübersicht ermöglichten es Real Madrid, das Mittelfeld zu kontrollieren und gefährliche Angriffe zu starten. Er bildete eine starke Partnerschaft mit Sami Khedira und sorgte für ein Gleichgewicht zwischen Verteidigung und Angriff. Alonsos Beitrag trug maßgeblich zum Sieg von Real Madrid in der Copa del Rey in dieser Saison bei. Er startete im Finale gegen Barcelona und spielte eine Schlüsselrolle beim 1:0-Sieg von Real Madrid.

Obwohl er in dieser Saison nicht zu den erfolgreichsten Torschützen gehörte, war Alonsos Einfluss auf Real Madrid unbestreitbar. Seine Spielintelligenz, seine technischen Qualitäten und seine Führungsqualitäten haben ihn zu einem wesentlichen Bestandteil von Mourinhos Team gemacht.

Die dritte Saison von Xabi Alonso bei Real Madrid begann vielversprechend, als der Spanier beim 2:2-

Unentschieden gegen Barcelona im spanischen Superpokal 2011 im Santiago Bernabéu-Stadion das zweite Tor erzielte.

Am 21. September 2011 bestritt Alonso beim 0:0-Unentschieden gegen Racing Santander sein 100. Pflichtspiel für Real Madrid. Dieser Meilenstein war ein Zeichen seiner Bedeutung für das Team und seiner Konstanz auf hohem Niveau. Alonso war weiterhin eine unbestrittene Kraft in der Startelf von José Mourinho, wobei seine Spielintelligenz, seine technischen Qualitäten und seine Führungsqualitäten entscheidend für den Erfolg des Teams waren.

Gekrönt wurde diese Saison mit dem ersten spanischen Meistertitel in Alonsos Karriere. Real Madrid dominierte die La Liga und beendete die Saison neun Punkte vor seinem schärfsten Rivalen Barcelona.

Alonsos Anteil an diesem Erfolg war entscheidend. Seine Fähigkeit, das Mittelfeld zu kontrollieren und gefährliche Angriffe zu starten, bildete eine solide Grundlage für Mourinhos Team. Er erzielte auch einige wichtige Tore, vor allem beim 2:2-Unentschieden gegen Barcelona im Camp Nou, das sich im Titelrennen als entscheidend erwies. Der spanische Meistertitel 2011/12 war ein Höhepunkt in Alonsos Karriere und eine Anerkennung seines immensen Beitrags für Real Madrid.

Am 8. Januar 2014 unterzeichnete Xabi Alonso eine Vertragsverlängerung bei Real Madrid, die ihn bis 2016 an den Verein bindet. Der Wechsel zeigte das Vertrauen des Vereins in Alonsos Fähigkeiten und seine Bedeutung für die Mannschaft. Zu diesem Zeitpunkt seiner Karriere war Alonso einer der erfahrensten und erfolgreichsten Mittelfeldspieler der Welt. Er hatte zahlreiche Trophäen gewonnen, darunter eine Weltmeisterschaft, zwei Europameisterschaften und eine Champions League.

Seine Vertragsverlängerung war ein Zeichen dafür, dass er immer noch auf dem Höhepunkt seiner Kräfte war und Real Madrid noch viel zu bieten hatte. Er war weiterhin ein wichtiger Teil des Teams und brachte seine Erfahrung, Führungsqualitäten und technischen Qualitäten in das Mittelfeld ein.

Alonsos Entscheidung, seinen Vertrag bei Real Madrid zu verlängern, zeigte auch sein Engagement für den Verein und seinen Wunsch, weiterhin Trophäen zu gewinnen. Er glaubte an die Erfolgsfähigkeit des Teams und war entschlossen, Teil dieses Erfolgs zu sein. Alonsos Vertragsverlängerung erwies sich als kluge Entscheidung, da er auch in den folgenden Saisons weiterhin eine entscheidende Rolle für die Erfolge von Real Madrid spielte. Das Halbfinale der Champions League 2013/14 zwischen Real Madrid und Bayern München war ein entscheidender Moment in Xabi Alonsos Karriere.

Nach einer 0:1-Hinspielniederlage in München stand Real Madrid im Rückspiel im Santiago-Bernabéu-Stadion vor einer schwierigen Aufgabe. Das Team zeigte jedoch eine sensationelle Leistung, schlug die Bayern mit 4:0 und zog mit einem 5:0-Gesamtsieg ins Finale ein. Alonso spielte eine Schlüsselrolle bei diesem Sieg, indem er das Mittelfeld kontrollierte und gefährliche Angriffe startete. Allerdings erhielt er nach einem Grätsche gegen Bastian Schweinsteiger in der ersten Halbzeit eine Gelbe Karte. Da er bereits vor dem Spiel zwei hatte, schied er damit aus dem Finale aus.

Trotz seiner Sperre war Alonso fest entschlossen, sein Team von der Tribüne aus zu unterstützen. Er feierte mit seinen Teamkollegen den 4:1-Sieg nach Verlängerung gegen Atlético Madrid im Finale und gewann damit seine zweite Champions-League-Medaille. Alonsos Rolle auf dem Weg von Real Madrid zum Champions-League-Titel 2014 war bedeutend. Seine Erfahrung, Führungsqualitäten und technischen Qualitäten waren für den Erfolg des Teams von entscheidender Bedeutung. Obwohl er für das Finale gesperrt war, spielte er eine wichtige Rolle dabei, seine Teamkollegen zu unterstützen und sie zum Gewinn der Trophäe zu inspirieren.

Der Wechsel von Xabi Alonso zum FC Bayern München im Jahr 2014 markierte ein neues Kapitel in seiner brillanten Karriere. Der spanische Mittelfeldspieler hat nach einer erfolgreichen Zeit bei Real Madrid einen Zweijahresvertrag mit den deutschen Giganten abgeschlossen. Sein Debüt gab er am Tag nach seinem Transfer beim 1:1-Unentschieden gegen Schalke 04.

Alonso hat sich schnell als wichtiger Teil der Bayern-Mannschaft etabliert und bringt seine Erfahrung, Führungsqualitäten und technischen Qualitäten in das Mittelfeld ein. Am 27. September 2014, im Spiel gegen den 1. FC Köln, brach Alonso mit 196 Pässen den Rekord für die meisten abgeschlossenen Pässe in einem Bundesligaspiel.

Seine Spielübersicht und seine Präzision im Passspiel waren ausschlaggebend für den ballbesitzorientierten Spielstil der Bayern. Er erzielte auch wichtige Tore, darunter einen Freistoß beim 6:0-Sieg gegen Werder Bremen am 18. Oktober 2014.

Alonsos Wechsel zum FC Bayern München war ein Erfolg, da er während seiner beiden Spielzeiten beim Verein einen wichtigen Anteil an den Erfolgen der Mannschaft hatte. Er gewann zweimal die Bundesliga, den Deutschen Pokal und den Deutschen Superpokal.

Sein Beitrag zum FC Bayern München wurde von Fans und Experten gewürdigt, die ihn als einen der besten Mittelfeldspieler seiner Generation feierten. Am 28. April 2015 verschossen Xabi Alonso und drei weitere FIFA-Weltmeister vom FC Bayern München bei der 0:2-Niederlage gegen Borussia Dortmund im Halbfinale des

DFB-Pokals ihr Elfmeterschießen. Er war auch der einzige Spieler, der fehlte, als die Bayern am Ende des DFL-Supercups 2015 das Elfmeterschießen gegen den VfL Wolfsburg verloren, wobei sein Versuch von Torhüter Koen Casteels pariert wurde.

Für Alonso, der für seine Präzision und Gelassenheit im Elfmeterschießen bekannt war, waren solche Ausfälle selten. Sie betonten jedoch die Unvorhersehbarkeit von Strafen und den enormen Druck, dem die Spieler in diesen Momenten ausgesetzt sind.

Trotz dieser Misserfolge blieb Alonso ein Schlüsselspieler des FC Bayern München und hatte weiterhin einen wichtigen Anteil an den Erfolgen der Mannschaft. Seine Weitsicht, Passgenauigkeit und Führungsqualitäten waren entscheidend für den ballbesitzorientierten Spielstil der Bayern.

Während seiner beiden Spielzeiten im Verein gewann er zweimal die Bundesliga, den Deutschen Pokal und den Deutschen Superpokal und trug damit zur anhaltenden heimischen Dominanz der Bayern bei. Am 18. Dezember

2015 unterzeichnete Xabi Alonso einen neuen Vertrag beim FC Bayern München und verlängerte ihn bis 2017. Dies zeigte das Vertrauen des Vereins in seine Fähigkeiten und seine Bedeutung für die Mannschaft.

Am 9. März 2017 gab Alonso jedoch über Twitter seinen Rücktritt vom Fußball bekannt und beendete damit eine glänzende Karriere am Ende der Saison 2016–17. In einer emotionalen Erklärung bedankte sich Alonso bei allen, die ihn während seiner Karriere unterstützt hatten, einschließlich seiner Teamkollegen, Trainer und Fans. Er sagte auch, dass er den Fußball mit einem Gefühl der Leistung und Dankbarkeit verlassen werde.

Alonsos Rücktritt markierte das Ende einer Ära für Bayern München und den Weltfußball. Er war einer der letzten Vertreter einer goldenen Generation spanischer Mittelfeldspieler, die für ihre Vision, Passgenauigkeit und Führungsqualitäten bekannt waren.

Seine Beiträge zum FC Bayern München waren bedeutend: Er gewann zweimal die Bundesliga, den Deutschen Pokal und den Deutschen Superpokal. Er war auch maßgeblich daran beteiligt, dass die Mannschaft 2015 das Halbfinale der Champions League erreichte.

Alonsos Rücktritt hinterließ eine Lücke im Mittelfeld des FC Bayern München, doch sein Vermächtnis wird uns noch viele Jahre in Erinnerung bleiben. Er gilt als einer der größten Mittelfeldspieler seiner Generation und als Spieler, der dieser Position Eleganz und Effizienz verlieh.

Am 20. Mai 2017 bestritten Xabi Alonso und sein Teamkollege, Bayern-Kapitän Philipp Lahm, ihr letztes Profispiel beim 4:1-Heimsieg gegen Freiburg. Alonso assistierte bei Arjen Robbens erstem Tor in diesem Spiel, seiner letzten Geste in einer glorreichen Karriere. In der 82. Minute wurde er unter großem Applaus des Allianz-Arena-Publikums durch Franck Ribéry ersetzt. Es war sein 79. Spiel in der höchsten deutschen Spielklasse und markierte das Ende einer Ära für Bayern München und den Weltfußball.

Nach dem Spiel wurde Alonso von seinen Teamkollegen, Trainern und Fans gefeiert. Er erhielt stehende Ovationen und fuhr eine Siegesrunde durch das Stadion, in der er sich bei den Fans für ihre jahrelange Unterstützung bedankte. Alonsos Rücktritt markierte das Ende einer unglaublichen Karriere, in der er zahlreiche Trophäen gewann, darunter eine Weltmeisterschaft, zwei Europameisterschaften und eine Champions League. Er galt als einer der größten Mittelfeldspieler seiner Generation und als Spieler, der dieser Position Eleganz und Effizienz verlieh.

An Alonsos Vermächtnis wird man sich noch viele Jahre erinnern. Er ist ein Vorbild für junge Spieler und eine Inspirationsquelle für alle, die das schöne Spiel lieben. Xabi Alonso wurde am 30. April von Trainer Iñaki Sáez zum ersten Mal in die spanische Fußballnationalmannschaft berufen. 2003, im Alter von 21 Jahren. Er startete das Spiel im Vicente-Calderón-Stadion, das mit einem 4:0-Sieg für Spanien endete.

Diese erste Auswahl markierte für Alonso den Beginn einer langen und glänzenden internationalen Karriere. Er wurde schnell zu einem wichtigen Teil der spanischen Mannschaft und war bekannt für seine Spielvision, seine Passgenauigkeit und seine Führungsqualitäten.

Alonso hat Spanien bei drei Weltmeisterschaften und drei Europameisterschaften vertreten und die letzten beiden Turniere 2008 und 2012 gewonnen. Außerdem gewann er bei den Olympischen Sommerspielen 2000 eine Silbermedaille.

Insgesamt bestritt Alonso 114 Spiele für die spanische Nationalmannschaft und erzielte dabei 16 Tore. Er gilt als einer der größten Mittelfeldspieler in der Geschichte Spaniens und als Spieler, der dieser Position Eleganz und Effizienz verlieh.

Alonsos internationale Karriere endete nach der Weltmeisterschaft 2014, bei der Spanien in der Gruppenphase ausschied. Er gab 2016 seinen internationalen Rücktritt bekannt und beendete damit eine glänzende internationale Karriere.

Xabi Alonso wurde von Trainer Iñaki Sáez in den spanischen Kader für die UEFA Euro 2004 in Portugal aufgenommen. Er war beim Sieg gegen Russland eingewechselt und leitete die Niederlage gegen die Gastgeber, bei denen Spanien in der Gruppenphase ausschied.

Dieses Turnier war eine Lernerfahrung für den jungen Alonso, damals 22 Jahre alt. Er hatte die Gelegenheit, erfahrene Spieler zu beobachten und sich mit den Anforderungen des internationalen Spitzenfußballs vertraut zu machen.

Obwohl Spanien die Gruppenphase nicht überstanden hat, zeigte Alonso sein Talent und Potenzial. Er zeigte eine große Übersicht über das Spiel und Genauigkeit im Passspiel, was Beobachter und Trainer beeindruckte.

Die Euro 2004 war ein Sprungbrett für Alonsos internationale Karriere. In den folgenden Turnieren wurde er zu einem wichtigen Bestandteil der spanischen Mannschaft und trug maßgeblich zu den Erfolgen der Mannschaft bei. Xabi Alonso wurde in den Kader Spaniens für die FIFA-Weltmeisterschaft 2006 in Deutschland berufen. Er erzielte Spaniens erstes Tor des Turniers, sein erstes Länderspieltor, am 14. Juni 2006 gegen die Ukraine.

Spanien gewann alle Spiele der Gruppenphase und galt als einer der Favoriten auf den Turniersieg. Allerdings wurden sie in der ersten Ko-Runde des Turniers vom späteren Finalisten Frankreich geschlagen.

Die Niederlage gegen Frankreich war eine Enttäuschung für Alonso und das spanische Team. Allerdings zeigte Alonso während des gesamten Turniers eine gute Leistung und zeigte, dass er ein Schlüsselspieler für das Team ist. Sein Weitblick, seine Passgenauigkeit und seine Führungsqualitäten waren für den ballbesitzorientierten Spielstil Spaniens von entscheidender Bedeutung. Er wurde zu einem der angesehensten Mittelfeldspieler der Welt und war für die kommenden Jahre ein wichtiger Bestandteil der spanischen Mannschaft.

Liverpools Saison 2007/08 endete ohne Trophäe, aber Xabi Alonso wartete aufgrund einer Verletzung im Champions-League-Finale 2008 hauptsächlich als Ersatzspieler auf. Nachdem wichtige Spieler ausgeruht waren, führte er Spanien im letzten Gruppenspiel gegen Griechenland als Kapitän an.

In diesem Spiel zeigte Alonso eine herausragende Leistung, indem er das Mittelfeld kontrollierte und seinen Teamkollegen Chancen erspielte. Aufgrund seiner Leistung wurde er zum Mann des Spiels ernannt und trug dazu bei, dass Spanien einen 2:1-Sieg errang. Alonsos Anteil am Erfolg Spaniens bei der EM 2008 war bedeutend. Obwohl er kein Stammspieler war , brachte er seine Erfahrung, seine Führungsqualitäten und seine technischen Qualitäten bei Bedarf in die Mannschaft ein.

Seine Leistung als Kapitän gegen Griechenland zeigte, dass er ein Spieler von großem Format ist und in der Lage ist, sein Team auch in schwierigen Zeiten zum Sieg zu führen. Trotz einer starken Leistung bei der Euro 2008 gelang es Xabi Alonso nicht, sich einen Startplatz im spanischen Team zu sichern, was die starke Stärke des Teams unterstreicht. Spanien gewann das Turnier und Alonso kam in vier seiner sechs Spiele zum Einsatz.

Im Gespräch mit dem spanischen Journalisten Guillem Balagué sagte Alonso, der Sieg Spaniens sei verdient und die Teamarbeit der Spieler sei entscheidend für den ungeschlagenen Lauf der Mannschaft im Turnier gewesen.

Alonso würdigte den hohen Wettbewerbsdruck innerhalb der spanischen Mannschaft, bei dem viele talentierte

Spieler um die Startplätze wetteiferten. Er betonte jedoch, dass Teamzusammenhalt und Kameradschaft wichtiger seien als individuelle Ambitionen.

Alonsos Anteil am Erfolg Spaniens bei der EM 2008 war bedeutend, auch wenn er nicht immer in der Startelf stand. Seine Erfahrung, seine Führungsqualitäten und seine technischen Fähigkeiten waren für das Team wertvoll und er trug dazu bei, ein positives und unterstützendes Umfeld innerhalb der Gruppe zu schaffen. Beim FIFA Konföderationen-Pokal 2009 in Südafrika schied Spanien im Halbfinale gegen die USA aus. Im Spiel um Platz drei gegen die Gastgeber ging es nach einem 2:2-Unentschieden in die Verlängerung.

In der 107. Minute der Verlängerung erzielte Xabi Alonso einen herrlichen Freistoß und bescherte Spanien den Sieg. Dieses Tor war ein Höhepunkt in Alonsos internationaler Karriere. Er zeigte seine außergewöhnliche technische Qualität und seine Fähigkeit, in entscheidenden Momenten wichtige Tore zu erzielen. Der Sieg Spaniens im Spiel um den dritten Platz ermöglichte es dem Team, das Turnier trotz des enttäuschenden Ausscheidens im Halbfinale positiv zu beenden. Alonsos Tor wurde als eines der besten Tore des Turniers anerkannt und festigte seinen Ruf als einer der besten Mittelfeldspieler der Welt.

Während der Weltmeisterschaft 2010 in Südafrika stand Xabi Alonso in jedem Spiel für Spanien in der Startelf und bildete mit Sergio Busquets und Xavi ein Mittelfeldtrio. Er spielte eine Schlüsselrolle auf dem Weg Spaniens zum ersten Weltmeistertitel.

Im Finale gegen die Niederlande wurde Alonso in der 28. Minute Opfer eines Kung-Fu-Tritts gegen die Brust durch den niederländischen Mittelfeldspieler Nigel de Jong. Trotz dieses Vorfalls spielte Alonso weiter und trug dazu bei, Spanien zu einem 1:0-Sieg zu führen.

De Jongs Tackling gegen Alonso war einer der denkwürdigsten Momente des WM-Finales 2010. Er war ein Beispiel für gefährliches Spiel und sorgte für große Kontroversen. Alonso zeigte jedoch großen Mut und Entschlossenheit, indem er trotz der Schmerzen weiterspielte.

Der Sieg Spaniens bei der Weltmeisterschaft 2010 war ein Meilenstein in der Geschichte des spanischen Fußballs.

Alonso war maßgeblich am Erfolg des Teams beteiligt und seine Leistung im Finale war ein Beispiel für seinen Charakter und seine Widerstandsfähigkeit.

Nigel de Jongs Foul an Xabi Alonso im WM-Finale 2010 war höchst umstritten, da es offenbar ein Vergehen war, das mit einer roten Karte geahndet wurde. Allerdings gab Schiedsrichter Howard Webb De Jong nur die Gelbe Karte.

Der Wechsel hinterließ bei Alonso Schmerzen und Angst vor einer gebrochenen Rippe. Trotz der Schmerzen spielte er noch eine Stunde weiter und zeigte dabei seinen Mut und seine Entschlossenheit. Webbs Umgang mit dem Foul war Gegenstand vieler Debatten, wobei viele Experten der Meinung waren, dass er De Jong vom Feld hätte schicken sollen. Webb verteidigte seine Entscheidung und sagte, er habe den Vorfall nicht in Echtzeit gesehen und sich auf den Rat seines Assistenten verlassen.

Das Foul von De Jong überschattete viele hervorragende Leistungen im WM-Finale 2010, verdeutlichte jedoch auch die physische Natur des Spiels und die Herausforderungen, denen sich die Spieler auf dem Platz gegenübersehen. Am 23. Juni 2012 bestritt Xabi Alonso im Viertelfinale der Europameisterschaft gegen Frankreich sein 100. Spiel für Spanien. Er erzielte beide Tore beim 2:0-Sieg Spaniens und war damit der erste spanische Spieler, der in einem K.-o.-Spiel der Europameisterschaft zwei Tore erzielte.

Alonsos erstes Tor fiel, nachdem er eine Flanke von der linken Seite von Jordi Alba per Kopf ins Tor geschossen hatte. Das zweite Tor fiel durch einen Elfmeter, nachdem Pedro in den letzten Sekunden des Spiels von Anthony Réveillère gefoult worden war.

Alonsos zwei Tore waren entscheidend für Spaniens Sieg und den Einzug ins Halbfinale der Europameisterschaft. Seine Leistung wurde von Kritikern und Fans gelobt und er wurde zum Mann des Spiels ernannt.

Alonsos 100. Spiel für Spanien war ein Meilenstein in seiner internationalen Karriere. Seine beiden Tore in diesem Spiel zeigten seine Bedeutung für die Mannschaft und seine Fähigkeit, in entscheidenden Momenten wichtige

Tore zu erzielen. Im Halbfinale der EM 2012 gegen Portugal schoss Xabi Alonso einen Elfmeter, der von Rui Patrício gehalten wurde. Spanien gewann das Spiel jedoch immer noch mit 4:2 im Elfmeterschießen, nach einem 0:0-Unentschieden in der regulären Spielzeit und der Verlängerung.

Im Finale besiegte Spanien Italien mit 4:0, wobei Gianluigi Buffon die entscheidende Parade parierte. Der Sieg war Alonsos dritter Sieg mit Spanien nach Triumphen bei der EM 2008 und der Weltmeisterschaft 2010.

Trotz seines verschossenen Elfmeters im Halbfinale spielte Alonso eine Schlüsselrolle für den Erfolg Spaniens bei der EM 2012. Seine Spielvision, seine Präzision im Passspiel und seine Führung waren entscheidend für Spaniens Spielstil, der auf Ballbesitz basiert.

Der Sieg Spaniens bei der Euro 2012 war ein Meilenstein in der Geschichte des spanischen Fußballs. Alonso war maßgeblich am Erfolg des Teams beteiligt und seine Leistung während des gesamten Turniers wurde von Kritikern und Fans gelobt.

Spanien gehörte erneut zu den Favoriten auf den Gewinn der FIFA-Weltmeisterschaft 2014 in Brasilien. Allerdings schied die Mannschaft in der ersten Runde aus, nachdem sie ihre ersten beiden Spiele gegen die Niederlande und Chile verloren hatte.

Xabi Alonso schoss in der 27. Minute des spanischen Auftaktspiels gegen die Niederlande einen Elfmeter. Er wurde jedoch in der 62. Minute ausgewechselt, als Spanien mit 1:2 verlor. Spanien verlor das Spiel am Ende mit 1:5, es war die höchste Niederlage bei der Weltmeisterschaft.

Das Ausscheiden Spaniens in der ersten Runde der Weltmeisterschaft 2014 war eine große Enttäuschung für Alonso und das Team. Sie galten als eine der besten Mannschaften des Turniers und es wurde allgemein erwartet, dass sie die K.-o.-Runde erreichen würden.

Alonsos Leistung bei der Weltmeisterschaft 2014 war gemischt. Er erzielte ein wichtiges Tor gegen die Niederlande, wurde aber auch für seine Leistung im Spiel gegen Chile kritisiert. Er wurde zur Halbzeit ausgewechselt, als Spanien 0:2 zurücklag.

Das Ausscheiden Spaniens aus der Weltmeisterschaft 2014 bedeutete für das Team das Ende einer Ära. Alonso war einer der letzten Spieler des Kaders, der die Weltmeisterschaft 2010 und die EM 2008 gewann. Sein Rücktritt aus der Nationalmannschaft nach dem Turnier markierte das Ende einer goldenen Generation spanischer Spieler.

Nach der Niederlage gegen die Niederlande unterlag Spanien anschließend mit 0:2 gegen Chile. Alonso erhielt in der ersten Halbzeit eine gelbe Karte und wurde zur Halbzeit ausgewechselt, als Spanien mit 0:2 zurücklag.

Spanien schied anschließend aus dem Turnier aus, gewann aber sein letztes Spiel mit 3:0 gegen Australien und belegte den dritten Platz in der Gruppe. Alonso spielte in diesem Spiel 83 Minuten.

Am 27. August 2014 gab Alonso seinen Rücktritt vom internationalen Fußball bekannt. Er beendete seine internationale Karriere mit 114 Länderspielen und 16 Toren für Spanien.

Alonsos Rücktritt vom internationalen Fußball bedeutete

für die spanische Mannschaft das Ende einer Ära. Er war einer der letzten Spieler des Kaders, der die Weltmeisterschaft 2010 und die EM 2008 gewann. Sein Abgang markierte das Ende einer goldenen Generation spanischer Spieler.

Alonso gilt als einer der größten Mittelfeldspieler der spanischen Geschichte. Er war bekannt für seine Spielvision, seine Passgenauigkeit und seine Führungsqualitäten. Er war maßgeblich an den Erfolgen Spaniens im vergangenen Jahrzehnt beteiligt.

Zusätzlich zu seiner internationalen Karriere bei Spanien absolvierte Xabi Alonso auch Auftritte in der Nationalmannschaft des Baskenlandes. Sein Debüt für die Mannschaft gab er am 29. Dezember 2001 in einem Freundschaftsspiel gegen Ghana und wurde seitdem regelmäßig einberufen. Aufgrund seines vollen Terminkalenders mit seinem Verein war Alonso jedoch nicht immer in der Lage, die Einberufungen wahrzunehmen. Sein letzter Auftritt für das Baskenland war am 29. Dezember 2012 beim 6:1-Sieg gegen Bolivien.

Die Nationalmannschaft des Baskenlandes ist weder von der FIFA noch der UEFA anerkannt und kann daher nicht an offiziellen internationalen Turnieren teilnehmen. Allerdings bestreitet die Mannschaft regelmäßig Freundschaftsspiele gegen andere Regional- oder Nationalmannschaften.

Alonsos Auftritte für das Baskenland gaben ihm die Gelegenheit, seine Heimatregion zu vertreten und mit anderen talentierten baskischen Spielern zu spielen. Er war ein wertvolles Mitglied des Teams und trug zu ihrem Erfolg auf dem Feld bei.

Xabi Alonsos Erfolgsbilanz

1- **Mit Liverpool**

- **Nationale Titel**
  - FA-Cup: 2005–06
  - FA Community Shield: 2006
- **Europäische Titel**
  - UEFA Champions League: 2004–05
  - UEFA-Superpokal: 2005

Diese Schlagzeilen unterstreichen den bedeutenden Einfluss von Xabi Alonso auf Liverpools Erfolg während seiner Zeit beim Verein. Er war maßgeblich am Gewinn der Champions League im Jahr 2005 beteiligt und erzielte im Elfmeterschießen gegen den AC Mailand einen entscheidenden Elfmeter. Sein Beitrag zu Liverpools Triumphen in der heimischen Liga war ebenfalls von entscheidender Bedeutung, da seine Vision, Passgenauigkeit und Hartnäckigkeit im Mittelfeld Schlüsselelemente des Teams waren. Xabi Alonsos Erfolgsbilanz bei Liverpool ist ein Beweis für sein außergewöhnliches Talent und seine Fähigkeit, Höchstleistungen zu erbringen. Er gilt zu Recht als einer der größten Mittelfeldspieler in der Vereinsgeschichte.

2- Mit Real Madrid

- **Nationale Titel**
  - La Liga: 2011-12
  - Copa del Rey: 2010–11, 2013–14
  - Spanischer Superpokal: 2012
- **Europäische Titel**
  - UEFA Champions League: 2013–2014

Xabi Alonsos Zeit bei Real Madrid war geprägt von nationalen und europäischen Erfolgen. Er war ein wichtiger Teil des Teams, das 2011/12 La Liga gewann und damit eine Phase der Dominanz des FC Barcelona beendete. Alonso gewann mit den Merengue außerdem zwei Copas del Rey und einen spanischen Superpokal. Auf europäischer Ebene war Alonso maßgeblich am Champions-League-Triumph von Real Madrid 2013/14 beteiligt. Seine Beherrschung des Mittelfelds und seine Fähigkeit, das Tempo des Spiels zu bestimmen, waren für den Erfolg des Teams von entscheidender Bedeutung. Xabi Alonsos Bilanz bei Real Madrid zeugt von seinem Status als Weltklassespieler. Er gewann Titel in Europas größten Wettbewerben und war ein wichtiger Teil einer der dominantesten Mannschaften der Fußballgeschichte.

3- Mit Bayern München

- **Nationale Titel**
  - Bundesliga: 2014–15, 2015–16, 2016–17
  - DFB-Pokal: 2015–16
  - DFL-Supercup: 2016

Xabi Alonso setzte seinen Erfolg beim FC Bayern München fort, wo er zahlreiche nationale Titel gewann. Er gewann drei aufeinanderfolgende Bundesligatitel sowie einen DFB-Pokal und einen DFL-Supercup. Unter Pep Guardiola war Alonso ein wichtiger Teil des Mittelfelds der Bayern und brachte seine Erfahrung, seinen Weitblick und seine Passgenauigkeit in die Mannschaft ein. Er war maßgeblich an der Dominanz der Bayern in der Bundesliga beteiligt, wobei die Mannschaft jedes Mal mit deutlichem Vorsprung den Titel gewann. Xabi Alonsos Bilanz beim FC Bayern München unterstreicht seinen Status als Siegerspieler. Er hat Titel in drei der größten Ligen Europas gewonnen und damit seine Fähigkeit unter Beweis gestellt, sich an unterschiedliche Spielstile anzupassen und auf höchstem Niveau erfolgreich zu sein.

4- Mit Spanien

- **Internationale Titel**
  - FIFA-Weltmeisterschaft: 2010
  - UEFA-Europameisterschaft: 2008, 2012

Xabi Alonso erreichte mit Spanien den Höhepunkt seiner internationalen Karriere und gewann zwei Europameisterschaften und eine Weltmeisterschaft. Er spielte eine entscheidende Rolle für den Erfolg von La Roja und brachte seine Erfahrung, Führungsstärke und technische Qualität in das Team ein.

Während der Weltmeisterschaft 2010 war Alonso ein wichtiger Teil des spanischen Mittelfelds und verhalf der Mannschaft zum Gewinn ihres ersten Weltmeistertitels. Er war auch maßgeblich an den Siegen Spaniens bei den Europameisterschaften 2008 und 2012 beteiligt und bildete im Mittelfeld eine furchteinflößende Partnerschaft mit Xavi und Andrés Iniesta. Xabi Alonsos Bilanz bei Spanien beweist seinen Status als einer der größten Mittelfeldspieler seiner Generation. Er gewann die höchsten Auszeichnungen im internationalen Fußball und trug zur goldenen Ära der spanischen Mannschaft bei.

Individuelle Auszeichnungen von Xabi Alonso

1- **Nationale Auszeichnungen**
   - Spanischer Spieler des Jahres: 2003
   - Bester Mittelfeldspieler in La Liga: 2011-12
2- **Internationale Auszeichnungen**
   - FIFA FIFPro World XI: 2011, 2012
   - FIFA FIFPro World XI 2. Mannschaft: 2014
   - FIFA FIFPro World XI 3. Mannschaft: 2013
   - FIFA FIFPro World XI 4. Team: 2015
   - FIFA FIFPro World XI 5. Team: 2016
   - UEFA-Europameisterschaftsteam des Turniers: 2012
   - UEFA Champions League-Team der Saison: 2013–14
   - Bundesliga-Team der Saison: 2014–2015.
3- **Weitere Auszeichnungen**
   - BBC-Tor des Monats: November 2004

Die individuellen Auszeichnungen von Xabi Alonso unterstreichen seinen Status als einer der größten Mittelfeldspieler seiner Generation. Für seine herausragenden

Leistungen wurde er mehrfach national und international ausgezeichnet.

Seine fünfmalige Aufnahme in die FIFA FIFPro World XI ist ein Beweis für seine Konstanz auf höchstem Niveau. Er wurde auch für seine Rolle bei den Erfolgen von Spanien und Bayern München geehrt und wurde in die UEFA-Europameisterschaftsmannschaft des Turniers 2012 und in die UEFA-Mannschaft der Saison Champions League 2013–2014 berufen.

Die individuellen Auszeichnungen von Xabi Alonso sind eine Hommage an sein Talent, seine Führungsqualitäten und sein Engagement für den Fußball. Er gilt als einer der besten Mittelfeldspieler aller Zeiten und seine individuellen Leistungen werden seiner herausragenden Karriere gerecht.

Abschluss

Wenn wir den Vorhang für die Biografie von Xabi Alonso öffnen, ist es unmöglich, nicht von Ehrfurcht vor dem bleibenden Erbe, das er im Fußball hinterlassen hat, zu staunen. Seine außergewöhnliche Reise, von seinen vielversprechenden Anfängen bei Real Sociedad bis zu seiner Blütezeit bei Liverpool und Real Madrid, ist ein Beweis für sein außergewöhnliches Talent, seine unerschütterliche Hingabe und seine unerschütterliche Liebe zum Spiel.

Auf dem Platz war Alonso ein wahrer Maestro, ein Meister des Mittelfelds, dessen Übersicht, Passspiel und Schüsse ihresgleichen suchten. Er verfügte über ein intuitives Verständnis von Zeit und Raum, das es ihm ermöglichte, das Tempo des Spiels zu bestimmen und den Verlauf vieler entscheidender Spiele zu beeinflussen. Sein eleganter Stil und seine Fähigkeit, magische Momente zu erzeugen, haben das Publikum in seinen Bann gezogen und unzählige junge Spieler inspiriert.

Außerhalb des Feldes ist Alonso ebenso außergewöhnlich. Sein erfolgreicher Übergang zum Trainer unterstrich seine taktische Intelligenz, seine natürliche Führungsqualitäten und seine Leidenschaft für die Spielerentwicklung. Seine Ernennung zum Cheftrainer von Bayer Leverkusen markierte den Beginn eines aufregenden neuen Kapitels in seiner Karriere , und seine frühen Erfolge lassen darauf schließen, dass ihm Großes in der Welt des Managements bevorsteht.

Alonsos Vermächtnis geht über seine eigenen Leistungen hinaus. Seine durchdachte Herangehensweise an das Spiel, seine vorbildliche Arbeitsmoral und Bescheidenheit haben ihn zu einem Vorbild für Spieler und Trainer auf der ganzen Welt gemacht. Er hat dazu beigetragen, die Standards des modernen Mittelfeldspielers zu steigern und einen unauslöschlichen Eindruck in dem Sport hinterlassen, den er liebt. Während wir das Leben und die Zeit von Xabi Alonso feiern, erkennen wir nicht nur einen großartigen Fußballer, sondern auch einen Botschafter des Spiels und eine Inspiration für alle, die nach Spitzenleistungen streben. Seine außergewöhnliche Reise wird auch zukünftige Generationen inspirieren und sein Vermächtnis wird die Welt des Fußballs auch in den kommenden Jahren prägen.

Printed in Poland
by Amazon Fulfillment
Poland Sp. z o.o., Wrocław

36388707R00058